向优秀进城务工人员学习

农民工火会燎

从进城务工人员到国企管理者

NONGMINGONG HUO HUILIAO

湖北省总工会　组织编写
曹旭峰　执　笔

他从一名进城务工人员成长为国有企业业务能手、
技术骨干、优秀管理者；
他追求理想，不言放弃；他敬业勤奋，恪尽职守，
为自己铺就了一条改变命运的坚实道路。
他是新时代农民工的楷模，是新生代职工的典型。

中国工人出版社

图书在版编目(CIP)数据

农民工火会燎／湖北省总工会组织编写．—北京：中国工人出版社，2012.12

ISBN 978－7－5008－5400－5

Ⅰ.①农… Ⅱ.①湖… Ⅲ.①火会燎—成长经历 Ⅳ.①K828.1

中国版本图书馆CIP数据核字(2012)第292994号

农民工火会燎

出 版 人 李庆堂
责任编辑 姚 远 石钰艳
责任校对 孙乃伟
责任印刷 马东旭
出版发行 中国工人出版社(北京市东城区鼓楼外大街45号 邮编：100120)
网　　址 http://www.wp－china.com
电　　话 010－62350006(总编室) 010－62382916(职工教育分社)
010－82075964(传真)
发行热线 010－62005996 82075964(传真)
读者服务 010－62389465
经　　销 各地书店
印　　刷 北京睿特印刷厂
开　　本 710毫米×1000毫米 1/16
印　　张 8
字　　数 100千
版　　次 2013年1月第1版 2013年1月第1次印刷
定　　价 20.00元

农民工火会燎

NONGMINGONGHUOHUILIAO

农民工，是指在本地乡镇企业或者进入城镇务工的农业户口人员，同时也是中国产业工人中人数最大的群体。农民工是这个称谓，曾经引起过无数的争议，也演绎出许多新的名词。然而，在改革开放初期，农民工成为中国社会的关键词之一。毕竟，“农民工”代表的是一段历史。

本书讲述的，就是这样一位来自西北贫困地区的进城务工青年如何一步步成长为国有企业（中建三局）技术骨干、优秀管理者、党的十八大代表候选人的成长故事。故事的主人，名叫火会燎。10 多年来，他以创新服务与管理的业绩，成为中建三局卓越团队的一分子。他追求理想，不言放弃的进取精神，是他人生成长的重要支撑；他敬业勤奋的工作态度、恪尽职守的职业精神和追求卓越的创新精神，为自己铺就了一条改变命运坚实道路。在这条路上，他实现着一个个最现实的梦想，体味着实践人生价值的喜悦，为自己和企业交上了一份满意的答卷。

火会燎是新时代农民工的楷模，是中国新生代职工的典型。他的心路历程真实地印证了新生代农民工的成长经历，其中蕴含的人生启迪与思考，值得每一位心怀梦想，奋力打拼的农民工朋友借鉴。

目录
contents

一　星星之火，可以燎原

“前方的路还很漫长，我将用自己的双脚去跨越人生旅途中的道道险关；我将以自己的拙笔去开辟一片圣洁的园地；用彩笔去涂抹一幅灿烂的人生画卷。”

1
像海燕一样去飞翔

1992年夏，宁夏西吉县炙热的空气似火，一点就燃。与这炎热的气候相反，时年18岁的火会燎心情冷到了极点。高考失利让他与大学失之交臂，十多年寒窗苦读之后，路在何方，他的心里没有了底。

几天后，火会燎与几个室友相约，回到高中就读的学校收拾行李。昔日充满欢笑和活力的校园此时已经变得空荡荡。面对即将到来的别离和失落，有的室友潸然泪下，有的室友则为高考失利后的去向惴惴不安。

室友们的忧虑是有原因的。宁夏西吉县虽然经济贫困，但悠久的历史及丰富的多元民族文化，使西吉县有着中国“文化第一乡”的美称。读书几乎成了当地人改变命运的唯一途径。现在，高考落榜，今后的路在何方，每个人眼前都一片茫然。

火会燎走到陪伴自己几年的书桌前，想起曾经发奋苦读的情景，消沉的心又渐渐被激情点燃。人生的道路千百条，何必将自己的命运悬挂在高考这一条路上呢？中外历史上许多有成就的人，不也没有上过大学吗？

他想起了同样没有读过大学的高尔基，想起了他在《海燕》一文中的激情描述：“这是勇敢的海燕，在怒吼的大海上，在闪电中间，高傲地飞翔；这是胜利的预言家在叫喊：——让暴风雨来得更猛烈些吧！”是呀！人的一生就应该像勇敢的海燕一样，到风浪中去搏击，到社会大学里去汲取知识的营养。想到这里，他的心情开始变得好起来，脸上也渐渐浮出笑容。

火会燎将行李弃之一旁，将一百多本读过的书宝贝似地整理成箱。他知道今后不管干什么，知识都是必不可少的。

“你准备复读?”室友问道。

“不”。火会燎头也不抬地整理着书回答。他心里默念着：“我要向海燕一样去接受命运的考验”。

室友们仍是一脸疑惑。火会燎没有过多地解释，他整理完书箱和行李，与室友们挥手道别。此时的他明白，人生不一定是从大学开始的，而是从理想开始。

年轻的火会燎怀揣着梦想，踏上了他的征程。

编者手记

有人曾说，世界是美好的，但终究是属于年轻人的。火会燎决定走出心中的戈壁滩，外出打工，独自踩踏出人生旅途的鼓点，奏响生命的乐章。

面对广阔多彩的世界，他的心中有一个梦想：要像海燕一样去接受更猛烈的暴风雨的洗礼，为实现人生目标奠定坚实的基础。

2

变“精神食粮”为“生活食粮”

从小，火会燎就向往着像台湾作家三毛一样无拘无束洒脱自由的流浪生活，尤其喜欢三毛在戈壁滩上的经历。为此他的心中常常充满了幻想：夕阳西下时，独自一个人驻足在空旷的戈壁滩上，远眺大漠孤烟，飞沙走石，感受和体验着戈壁大漠暮色的神秘。

怀揣着对美好生活的憧憬，火会燎来到了兰州市。

然而，等待他的不是春风和鲜花，而是无情的现实。由于人生地不熟，没有一技之长，他寻找工作屡屡遭拒。生活首先成了问题。眼看一个星期要过去了，临出门时带的钱不多，已经不足以支付每晚 8 元的住旅社费用。他开始感到了恐慌。无奈之下，他将视线投向了自己随身携带的书箱。

命运似乎和他开了一个大玩笑，他一直视为“精神食粮”的书籍，如今却要用来换取“生活食粮”；他更没有想到“精神食粮”会以这种方式转变成“生活食粮”。尽管如此，他仍然依依不舍地从一捆书中挑选出平时最喜爱的高尔基的《海燕》和《共产党员》杂志留下。

在火会燎的心中，高尔基的《海燕》是人类为着一个正义的信仰而不断奋斗的象征；而《共产党员》杂志则是因为高中时，他曾在上面发表过小文章，随着了解的加深继而喜欢上了这本杂志。虽然他当时对共产党的含义还不太了解，但是感受到共产党与高尔基的《海燕》之间，似乎有着某种共同的信念。他知道在自己的打工路上，也许会遭受到各种打击，这两本读物可以使自己度过精神难关。

火会燎将一百多本书卖了36元钱，缓解了燃眉之急。当看着跟随自己多年的书被别人抱走时，他的心里百感交集，犹如多年的好友从此将天各一方。读书时曾把现实想象得过于美好，及至踏入了社会才发现，生存才是第一位的。

火会燎在一个建筑工地上找到了一份装卸工的活，暂时解决了生活难题。他的主要工作是每天在炎炎烈日下装卸近20吨的水泥，闲暇时还要给工地泥工当帮工。这是一份劳动强度极大的工作，每天晚上回到工棚时，常常一躺在床上就不能动弹。

从一个文弱书生变成一名搬运工，角色的转变令火会燎的心理和身体都承受了巨大的压力，几次他都想扔下水泥包不干了。每当这时他的脑海中总是浮现出离家时的誓言，他不禁想起了高尔基的《海燕》，是呀！自己就像一只刚刚学飞的海燕，怎能还未开始就退缩呢？

火会燎决心坚持下去，一定要让自己经受住第一次考验。他每天总是第一个来到工地，晚上工友们都走了，他还独自留下来清理工具。由于连日装卸近百吨的水泥，火会燎很快就累垮了，腰椎间像有一只烙铁在来回熨烫，剧烈的疼痛使他差点晕倒在工地上。

火会燎仍强咬着牙坚持着，一则是找一份工作实在不容易，二则是他有意识地考验着自己的意志。然而到了第四天，他终于坚持不住了，刚扛起一袋水泥就感到腰椎一阵麻胀，接着眼前一黑栽倒在地……

仅仅休息了一天，火会燎就拖着尚未病愈的身体又开始了每天繁重而单调的工作。

两个月后，火会燎终于拿到了第一笔工资 260 元。当天他就从工资中拿出 60 元钱，穿着背心兴冲冲地跑出了工棚，他想做的第一件事就是——买书。自从家里带来的书被卖掉之后，他的灵魂也好像被抽走了一部分，整天魂不守舍。如今，他要急于从书本中找回属于自己的精神世界。

一踏进书店，火会燎就被满目的书籍吸引住了，这些书本就像他久违的朋友，显得那么亲切而真实。他一头扎进了书海里，忘记了自己和时间的存在。从中国的孔子、老子到前苏联的托尔斯泰、高尔基；从儒家之学到大道至简；从战争中的纠结人性到搏击海浪的海燕……

不知过了多长时间，火会燎抬头发现书店外的天空已是一片漆黑，他跳起来抱着选购的一堆书匆匆赶回工地。当他推开工棚时，脑袋一下子蒙了。自己的生活用品和被褥掀翻在地上，床上仅有的一件衣服不见了，刚刚发的 200 元钱就在衣服的口袋里。

火会燎抱着头久久地蹲在地上，衣服没了，生活费也没了，这日子可咋过呀？火会燎思前想后，如今只能去找包工头借钱了。

他来到包工头的屋前，透过门缝只见屋内烟气腾腾，包工头正与几个工头搓着麻将。他犹豫了一会，推开门喃喃向包工头说明来意，包工头“哗”地一下推开手中的牌，瞪圆了眼嚷道：“钱被偷了找公安去呀，找我干吗……你借钱明摆让我输钱……真他妈的晦气……”

在包工头的斥责声中，火会燎只得无奈地离开了。

生活如同一杯被污染的浊水一般，在平淡而真实中充满了苦涩。然而，一个星期以后发生的事，让火会燎的心灵受到了更大的触动。这天，工地上发生了一起房屋墙体塌方事故，一个在现场工作的工人被埋在土下，幸而抢救及时才无生命危险。事后，火会燎发现这起塌方事故正是由于包工头盖工棚时使用掺粉煤灰所引起的。面对这样一个没有社会公德，没有良心，视他人生命如草芥的包工头，火会燎愤怒了。他不怕辛苦，却怕无良与不公，这样的包工头，再穷也不能再为他卖命！年轻的火会燎经过一夜思考，愤然离开这家工地，重新踏上了寻找梦想的道路。

编者手记

离开了工地，火会燎身无分文，眼前的生存压力和包工头的嘴脸令他深感悲凉。下一个工作机会在哪里？又会碰上一个什么样的老板？这位不谙世故的年轻人内心一片茫然。他眼前浮现出父母慈祥的面容，他真想沿着来路，重新回到父母身边，尽孝道守天伦……但最终他强压住了这一念头。的确，当初自己是带着雄心壮志出来的，如今一事无成何以见乡亲？他想起给家的信中立下的豪情壮志及对前程的憧憬，想起“如果你是一片彩云，那么你就该飘到能展示你美丽的地方去”的智者启迪，一颗年轻向上的心又被澎湃的激情鼓动，他在笔记本上写下：“双脚走遍天下路，一肩担尽古今愁”，以表明自己的心迹。

带着一颗释然的心，怀抱好男儿的壮志豪情，火会燎继续上路了。

3 没有忘却的文学梦

对火会燎来说，忍饥挨饿都算不了什么，最令他害怕的是精神世界的沙漠化。

火会燎的家乡宁夏西吉县是中国的文化名乡，历史上曾出过许多文化名人，他的堂叔火仲舫是宁夏作协副主席，也是宁夏文学界的领军人物，堂兄弟火会亮和火会光等人也是当地颇有名气的作家。在这种浓厚的文学氛围的熏陶下，形成了火会燎对文学的执着追求。

在建筑队打工时，由于繁重的工作以及心情的波动，使他无暇再顾及文学创作。但是，他的文学梦始终没有忘却。回想

打工遭遇，他忽然感到有些庆幸：这些生活中的磨难不正是他最好的创作素材吗？它们激活了他的思想，使他能够更冷静地剖析社会，催生他写出感动人心的好作品。他想起了法国大文豪巴尔扎克曾说过的话："苦难是人生的老师。苦难对于天才是一块垫脚石，对于能干的人是一笔财富，对于弱者是万丈深渊。"

令他感到欣喜的是，自己在苦难中并没有迷失方向，而是一路不断前行。不久，他根据自己打工的心迹，创作一篇散文《梦醒在旅途》。

他在文中写道：

做了十九年的梦，终于被高考失意绘了句号。闲来无事，独上故里的塬顶，欲望尽那天涯路，谁知山的那边依然是山……低头深思体味这足下的黄土，心头总会泛出些许莫名的惆怅。昔日的胡聊神侃，临山咏志，已化为一缕缕淡淡的云烟，消失在云端。而今只有脚踏实地去迈步这人生旅途。

走出家门，两肩轻了许多。我可以享受这份旅途的乐趣。我常思索，一个人若是不对他人、对社会构成压力，自谋生路也是一种出路。我应该如此，因为，我觉得自己是个长不大的孩子，老成熟不起来……

成熟在我也很玄奥。

一步跃出家门，困难接踵而来，我身无分文，囊中羞涩。于是，静宁县城卖书，兰州工地建筑，街头当报童，西宁拉钢材；到了西安，夜市当伙计，打烧饼，学钳工，挖苹果沟……人黑了，瘦了。汗水洒满了关中的城乡，也冲刷了我全身的锈斑，磨掉了学生的肤浅，增添了双手的厚实。这一段生活也算有滋有味。

桀骜不驯的性格是父母给的，我不能老待在一座山里，我要翻越那山外之山，尽管我知道山那边依然是山，山无穷尽。

我觉得我是在旅行。我在阅读着地球这块并不贫瘠的土壤。地球是本活书。这本书中，每部的下一章下一节如何，我都无法预料；我觉得我在检阅自己，在人们，在社会，在自然面前。每一次检阅，每一次考验，都像印满一道道难题的试卷，等待着我去解答，生活在时时刻刻监视着我，我唯能持的态度就是不向生活低首讨饶，每一次磨难之后就预示着我又度过了一道难关，生活在我面前又展示了一番风采，我又重新找回了自我。古人云："读万卷书，行万里路。"我怕也是遵着这个古训走的。人生何尝不是一次旅行？每个人都有各自的轨迹和旅程，只是终点大抵不同而已，只要脚下是一片坚实的土地，我愿终生探索开掘。

"社会即学校，生活即教育"。在这所学校里，我有幸读到了无字的书。我失去了很多，收获却也不少，这就是平衡。在我的人生天平上，我总有这种感觉，属于自己的一边总是翘起着，形成一种坡度，坡度上有很多台阶，每步上一个台阶，坡度就会平些。

踏上这份艰涩的旅程，我终于生活在自己的内心了。我无法估计到我是成功还是失败，可我注重的是追寻的过程，而不是结果。在我的面前，生活像是一杯难言的苦酒，我不当心喝了，我也醉过。醒后，又找了来再喝，如此三番，我竟尝到了酒也有甜的。生活时而又是一块粗糙的顽石，我则是一把锈

刀，磨得发痛时，就放出一抹光彩，变得锐利，坚实。我曾有过满腹幽怨，但我终于悟出：人，还是要脚踏实地地过日子，不能只有幻想。走了这么多路，我才觉醒，最折磨人的不单是肉体的痛苦，而是各种不同的心灵感受——幻灭，失望，还有遗憾。我觉得我变得复杂了，在痛苦中开始有了思索，有了追寻。

我在艰难地爬行。我觉到了累，白日里为生计四处奔走，夜里孤灯独对，劳神费思，时光待我很冷清。我觉察出自己的孤寂来，我在孤独中默默地凝望着希望，尽管很渺茫。

前方的路还很漫长，我将以自己的双脚去跨越人生旅途中的道道险关；我将以我的拙笔去开辟一片圣洁的园地；用彩笔去涂抹一幅灿烂的人生画卷。

……

然而，这篇凝聚了火会燎内心苦涩和激情的文章写出来后，却不知该投向何方，他的视线落在了《共产党员》杂志上。这本杂志曾随着他一起离开家乡，与他一道经历了风餐露宿，一起尝尽人间冷暖，是见证了火会燎一段曲折人生历程的“亲密战友”。

稿件投出去后，火会燎的生活又恢复了平静。他找到了一个工厂学习材料机械技术，忙碌的生活让他忘记了寄出许久的稿子。

一天，火会燎收到《共产党员》杂志的挂号件，里面有一本新出版的《共产党员》杂志，他的《梦醒在旅途》一文正刊登在里面！火会燎的文章在《共产党员》杂志上发表的消息，立即在工友中传开了，许多人都赶来向他表示祝贺。火会燎却只是憨憨一笑，不再多言，他知道他发表的不仅是一个梦想，还是他长久以来沉淀的最朴素的思想。

就在这时，他收到了远在湖北武汉的堂哥寄来的信件和照片。照片中，堂哥与中建三局的工友们在武汉长江大桥下兴高采烈的合影，看着堂哥在信中描述的中建三局和谐融洽的工作氛围，看着照片上工友们发自内心的真诚的笑脸，火会燎充满了向往。他暗下决心，要南下，要进入中建三局去实现自己的人生目标与价值。

编者手记

一篇寄托了梦想的文章的发表，一封堂兄的来信，火会燎并不知道命运之神在这时已经向他伸出了橄榄枝。在他流浪打工的几年生活中，充满了颠沛、艰辛，同时也感受到了世间的温暖与感动。他深知，只有不放弃追逐梦想，才有希望实现最初的愿望。

4

中建三局的橄榄枝

经过数日艰辛旅程，火会燎一路打工，终于来到了他梦想的城市——武汉。

1995 年的春天似乎来得特别早。这一年国家相继出台了许多针对农民工的扶持政策，同时加大了保护农民工合法权益的力度，一场轰轰烈烈的维护农民工权益的活动在全国各地展开了。

在武汉的各大广场和街头，由湖北省总工会、武汉市总工会及各级政府部门组织的农民工咨询点也是随处可见。一批批农民工们结队前往各个咨询点，他们的脸上洋溢着希望的喜悦。

走在大街上，火会燎有了一种从未有过的畅快感。几天前，他从《人民日报》上看到国有企业对口扶助贫困地区等一连串的好消息，国家的政策已经开始倾向于农村，与此相对应的必将是农民工“黄金时代”的到来。

自从 1992 年高考落榜以后，火会燎就加入到了浩浩荡荡的农民工行列，与所有带着憧憬和希望的农民工一样，为实现自己的梦想而走南闯北。虽然在此期间，他经历了无数的挫折和痛苦，但是他相信，随着国家体制与法律制度的不断完善，许许多多与他一样的农民工的梦想，也一定会实现。

命运总是青睐有准备的人。一天，堂哥兴奋地告诉了火会燎一个好消息，中建三局响应国家对口扶助贫困地区的号召，准备明年去他们的家乡宁夏西吉县招用一批农民合同工进公司。

"你的文化底子厚，一定要回去准备报考。"堂哥说。

火会燎沉浸在兴奋之中，去中建三局工作是他南下武汉时的梦想。此时的火会燎也说不清为何要执着于中建三局，也许是堂哥与工友们的自信感染了他。透过这种自信的表情，他能够感受到中建三局对农民工的关爱和培养，也许这正是他执着追寻的梦想吧。

"中建三局，我一定会来的。"他又想起自己当初说的这句话，是的，中建三局，我一定会来的。

火会燎回到了西北老家。准备迎接中建三局在宁夏西吉县的招考。他走进熟悉的的房间和书桌，这里曾是他萌生理想与信念的地方，也是他寒窗苦读的场所，在这里他不知度过了多少个清晨和黑夜。依然是走时的模样，只是屋内变得更整洁，以前读过的课本整整齐齐地摆放在桌上，它们似乎一直在等待着主人归来。

火会燎又一次坐到了自己的书桌前，抚摸着自己曾无数次学习过的课本，他的心绪异常平静。他心里清楚这一次的考试，不仅是对他打工生涯以来心智的一次综合考验，也将是人生转折面临的一次大考。

他知道，自己已经做好了准备。

编者手记

命运总是垂青有准备的人。火会燎将迎来他人生里最重要的一次转机。也正是这一次转机，让火会燎的命运彻底改变。

5
挥师南下

宁夏西吉县虽然是国家级贫困县，却具有浓郁的尚学之风。1996 年 9 月，中建三局选择在西吉县招聘农民工，正是看中了这里厚重的文化底蕴和淳朴的民风。由于中建三局曾经创造过“深圳速度”，在全国享有盛誉，所以听说中建三局到西吉县招考农民合同工，在当地引起了相当大的轰动，很快从西吉县各地涌来了 500 多名青年人报考，但录取率仅为十比一，竞争异常的激烈。

火会燎早早就报了名，凭着以往扎实的文化功底，以及大半年来的复习准备，笔试一关他轻松战胜了大多数竞争对手，顺利进入到面试关。

首先进行的是集体面试。一些参加面试的农民工一到面试现场就乐了。这真是一种奇特的面试方式，参加面试的农民工都要在主考官及众人的注视下，模特一般走过一条主办方划定的百米长道。农民工们私下议论开了，有的说这是主办方为了活跃考场的气氛，还有的则说这纯粹是主办方在找乐子。

火会燎则不这样认为。他心里很清楚主办方的此举，并不是为了活跃考场气氛，更不是为了找乐子，而是在考查参加面试农民工的“精气神”，从而决定是否录取。

火会燎明白了，体现一个人的“精气神”不正是一种企业精神的体现吗？此时，他似乎触摸到了中建三局企业文化脉搏的跳动。

通过百米长道的面试开始了。有人将这种形式的面试当成了一场娱乐盛会，嬉笑走过。轮到火会燎通过百米走道了。他没有笑，他知道这不仅仅是一次面试，更是他能否迈出人生重要一步的起点。他的眉头紧紧锁在一起，他望了望周围，考官们表情严肃地站在百米长道的四周，犹如运动场上严谨的裁判员。

火会燎深吸了一口气，挺直了腰板目视着前方。在他的正前方是一片深邃湛蓝的天空，团团如棉的浮云悠悠飘在空中，淡然而洒脱。火会燎迈开大步，一步一步往前走着，直到百米长道的尽头，没有再回头。

这犹如他的人生，过去的就让它过去了，他要一直往前走……

如他所愿，火会燎顺利进入了第二轮的面试。对他进行面试的是一位面目和善的中年人，当主持人介绍他是中建三局总承包公司办公室主任陈华元（现任中建三局董事长）时，火会燎不由得愣住了，他没有想到一次普普通通农民合同工的招聘，竟然由公司中高层领导担任主考官，可见公司对此次农民工招考的重视程度。

“你以前对中建三局的情况了解吗?”陈华元笑着问道。

这话勾起了火会燎的辛酸回忆，曾经历尽磨难南下武汉的情景，一幕幕镜头般浮现在脑海中。现在终于有机会坐在中建三局的领导面前，陈述自己的思想，似乎这么多年的努力就是为了这一天。

“有些了解”。火会燎的声音有些哽咽，他迅速调整了一下情绪，简单陈述了几年来的打工经历，并表达出了对中建三局的强烈向往。

听完火会燎的话，陈华元甚为感叹：“是呀，历史的车轮毕竟是向前进的，去追寻梦想是每一个人的权利，中国现在不也在追寻着梦想吗？我们只有将个人的梦想融入到国家的梦想之中，才能创造出人生的辉煌。你们是幸运的，现在是中国改革开放的最好时代，在这样的伟大时代里，需要的正是你们这样有理想有知识的年轻人……”陈华元说。

火会燎认真地听着，“将个人的梦想融入国家的梦想”，他还是第一次听到这样令人振奋的话，压在心底的激情像烧开的水般沸腾了起来。

编者手记

在追寻个人梦想的打工生涯中，他曾一次次被撞得头破血流，几乎忘了“国家”的存在，也忘了自己的存在。现在当“国家”这个神圣的词再一次出现时，他的眼眶一下子湿润了。他忽然醒悟到，如果说以前找工作主要是为了糊口，那么现在的工作不仅能改变个人命运、更重要的是还要同企业一起承担起一种社会的责任，把自己的命运与国家和时代的发展联系在一起。他在内心升起了一种崇高感，对未来充满了期待。

6
“我们也是主人”

在父母和妻子的支持下，火会燎与被录取的 42 人一起，在中建三局的安排下，踏上了南下的列车。

通过之前几天的接触，火会燎与这群年轻人成了无话不谈的好朋友。在这群刚刚走出校门的年轻人身上，火会燎仿佛看见了自己的影子，热情而天真，鲁莽而脆弱。在这群年轻人眼中，火会燎不仅说话做事沉着稳重，而且待人热情真诚，俨然像自家大哥一样。

面包车开动了，随着送别的人群渐渐远去。

这群刚才与家人分离时还哭得天昏地暗的年轻人，转眼就变得欢歌笑语。对他们中的许多人来说，这是踏出校门后的第一次远行。窗外的阳光明媚而艳丽，似乎昭示了他们都有一个光明的前程。

老天似乎在考验着这群兴高采烈的年轻人。面包车开出县城不久就意外抛锚了，这一修就是几个小时。当面包车修好时天色已晚，他们匆匆赶到西安火车站时，发现搭乘的列车早已经开走了。无奈之下，中建三局接待人员与西安火车站联系，大家临时改乘老式的绿皮火车去武汉。

当他们拎着行李走进车厢时，一些人发现车厢内不仅走道窄小，而且都是绿皮硬座位，不禁嚷嚷起来："这样的硬座位坐上二十多个小时，谁受得了，不坐这车。"

"是呀，晚上连一个躺的地方也没有……"有人附和道。

"哎，大家说说，我们这次去武汉干什么？"这些议论让火会燎坐不住了，他放好行李面向大家问道。

"这谁不知道，我们去武汉是给中建三局打工。"有人笑了起来。

"不对。"火会燎严肃地说："我们现在都是中建三局的主人，我们不是去做临时工的。既然是主人，我们就不能像做客人一样挑剔。"

"是呀，主考官不是对我们说过，我们不是去打工，我们都是中建三局的主人，就不要老想着别人照顾自己。"一个黑瘦的年轻人站起来说道。

火会燎赞赏地冲这个年轻人点点头，继续说道："如果我们总将自己当成打工的，那么我们在别人眼里可能就永远是个打工的，又怎么让别人看得起？年轻人想干一番事业，就必须经得起任何的磨难。"

一些年轻人鼓掌表示赞同。

火会燎走到刚才站出来说话的黑瘦年轻人身旁坐下。他对这名年轻人的表现很欣赏，这个年轻人对火会燎刚才的一番言论也非常赞同。的确，一个看不起自己的人，又怎么能够让别人看得起呢。

“我叫樊剑雄，刚刚从学校毕业，这是我第一次出远门，希望能够干出一番事业，你刚才的话对我启发很大。”樊剑雄朝火会燎伸出手道。两位年轻人的手紧紧握在了一起。

就在火会燎等人还在路上的时候，中建三局上至局领导下至一般员工，都已在为迎接和安置他们忙开了。为了让这批农民合同工尽快提高业务素质和专业技能，融入到中建三局的大家庭里，局里为他们精心设置了半年期的学习课程，内容涉及机械和材料管理等。授课老师则由局建设学校、公司领导以及公司的技术专家组成。

下火车后，火会燎等人就被专车接到了总承包公司的员工宿舍。一进宿舍，他们就被眼前的一幕吸引住了——每间宿舍里都排列着一张张规矩整齐的床，每张床上都摆放着式样统一的新床单、新被褥；而在每张床的床头柜上，整整齐齐摆放着各种日常生活用品。

“哈哈哈，什么都替我们准备好了，看来我们什么都不用再买了。”一个年轻人高兴地说。

“刚才在火车上，不是还有人说中建三局将我们当成打工的了呢，这是打工的待遇么?”樊剑雄故意问道。

“的确，中建三局将我们当成主人了，我们就该拿出主人的样好好干一番事业。”几个年轻人点头说。

“说得好，我们来这里就是要干一番事业的，而且中建三局给我们创造了这么优越的环境。现在我问大家一个问题，中建三局为什么对我们照顾得这么周全?”火会燎问道。

“为什么?”众人都想知道答案。

“这是在告诉我们，不要担心生活的问题，要将全部的时间和精力都花在学习技术知识上，早日学到真本事，早日走上工作岗位。”火会燎说道。

第二天，学习班开班仪式隆重举行。中建三局总承包公司原总经理樊凰兰来到学习班做了一场别开生面的动员讲话：

“你们从大西北千里迢迢到武汉来干什么？从小处来说是为了一份工作，从大处说你们是承担着历史的使命而来……也许有人想，我就是一个农民合同工，微不足道，承担不起这么大的历史责任，但是我告诉你们，在中建三局这个大家庭里，我们就是一家人了，要共担责任与风雨。在这里，没有谁是微不足道的，每一个人都是独一无二的，发挥着不可替代的作用……你们要像种子一样，扎根在中建三局这块沃土里，去成就你们的梦想……”

火会燎使劲鼓着掌。一家人、风雨共担、使命，这些新奇字眼使他激动，他恍然明白，多年苦苦追寻的梦想，其实就是一种亲情和责任。

编者手记

“梦想”这个词就这样在火会燎的心中生根发芽。中建三局，这片神奇的“土地”正在一点一点滋养着火会燎的内心。理想、责任、使命，仿佛每一个词都重若千斤，火会熑决心咬牙扛起这一切。为家人，也为企业。

7

初到中建三局已小有名气

梦想如暖阳照进现实。火会熑顺利通过培训后，正式进入中建三局。随后，火会熑被分配到总包公司物资部，做一名工程项目材料员。

这是他进入中建三局后的第一个岗位，火会熑心中有一股难以抑制的冲动，他急切地想将自己全部的热情与活力投入到工作中去。

两个月后，煤炭设计院综合楼项目部开工（现为中建三局总部大楼），这是总承包公司承接的一个投资过亿的重点工程。刚参加工作就被分配到重点项目上，让火会熑深感意外，同时让他感到兴奋的是，负责该项目的书记正是自己进中建三局的“引路人”陈华元。再次见到火会熑，陈华元也非常高兴，这个率真质朴的西北年轻人曾给他留下很深的印象。

“来武汉生活习不习惯?”陈华元关心地问道。

“嗯，刚开始有点不习惯，现在已经习惯了。”火会熑说。

“好呀，先适应了生活环境，才能更好地开展工作，你们这些来自大西北的年轻人，一定要好好珍惜这次机会，在中建三局扎下根来，在武汉扎下根来，为企业的发展和你们的美好明天，去挥洒青春和汗水……”

火会燎使劲点了点头。他在心里一遍遍地对自己说：“火会燎呀火会燎，在中建三局这个大熔炉里，你只有努力地工作，才能不辜负公司领导对自己的培养和期望，才能不辜负所处的大好时代。”

在这里，火会燎还遇见了他进中建三局后的第一个师傅——项目经理袁世俊。

初次见到火会燎时，袁世俊上下打量了他一番，笑道：“你就是火会燎，我可听说过你的事。”

“啊?”火会燎感到有些意外。

在他印象中，项目经理应该是威严而不拘言笑的，没想到眼前这位经理却是一脸的和善，而且竟然还听说过自己的事情。

“你曾在报上发表过文章，我看了一些，看得出你是一个有思想的年轻人，你的经历我们也知道一些……过去的事就让它过去吧，中建三局就是你的家，我们都是你的亲人。”袁世俊说。

火会燎感动地点点头。

在工地安顿好住处以后，火会燎站在窗前。工地上一片忙碌景象，工人们脸上洋溢出的开心的笑容，深深感染了他。

“你是不是叫火会燎?”这时，一个年轻人走过来问道。

“是的。”火会燎说。

“我叫许涛，项目部办公室文秘（现任中建三局组织部部长），我看过你写的文章，很有感染力。我也很爱好文学，希望以后能与你多多交流。”

“好呀！”火会燎心里感到一阵欣喜。他是一个喜欢交朋友的人，尤其是文学朋友。文学是一个人的性情表现，把发自内心的东西变成铅字，也是作者思想由意识变成物质的过程。从第一篇文章发表至今，火会燎已经发表了十多篇文章，如果说这些文章是心灵历程的记录，那么它记录的是火会燎这些年的心灵波折。这一天，火会燎与同为文学青年的许涛相谈甚欢，两人还约定以后有机会合办一本刊物，去实现他们的文学梦想。

让火会燎感到更兴奋的是，通过许涛的介绍，他又结识了项目综合工长章维成（现任中建三局成都公司总经理）等一批新分来的大学生。这是一群与自己一样充满青春激情与理想的年轻人，相同的爱好与理想使他们成为了无话不谈的好朋友。

编者手记

材料管理在工程项目中扮演着非常重要的角色。俗话说“兵马未动，粮草先行”，为了不因材料问题影响施工，火会燎和章维成建立了“热线联系”，两人常常为施工环节与材料的衔接等问题，讨论和分析到半夜。这种取长补短的学习与探讨，有效地促进了工程的顺利进行，提高了材料的周转效率。

8
较真的“老学生”

入职数月后，公司安排火会燎去学习材料管理。这门学科对他来说，是一个全新的领域。虽然以前打工时，他曾在武汉某机械公司当过材料保管员，但是当他系统学习了《材料的管理与应用》《材料力学》等专业知识后，才发现自己以前做的保管员工作，仅仅是对材料的进出做一番登记，起到的只是“二传手”的作用。而真正的材料管理学，却是一门涉及生活生产方方面面的学科。

学习可以使人不断增加知识，同时也可以使一个人的思想发生巨大变化。此时的火会燎开始意识到提高个人综合素质的重要性，以后的社会竞争必将变成知识和能力的竞争，掌握知识的多少将在一定程度上决定着一个人事业的成败。

随着专业知识掌握得越来越多，他对于材料科学管理的内涵也有了更深的认识。一项工程材料管理的好坏，将直接影响到一项工程建筑质量的好坏。历史上中建三局正是因为工程建筑质量过硬，才屡屡获奖，并获得“建筑铁军”的称号。而自己今后也将从事材料的管理，这使他感到了肩头如山的责任。

强烈的责任感驱使火会燎在学习上不敢有丝毫的松懈。他一头扎进了材料管理学的知识海洋里，每天的学习时间长达十多个小时。课堂上学到的新知识，他一定要反复温习直至深夜。当他遇到不懂的问题时，一定要追着老师打破沙锅问到底，直至将知识学懂为止，为了弄懂一个知识难题，他常常忘记吃饭和睡觉。他的学习劲头感动了许多教师。

很快，教师们都知道了这位对学习异常较真的“老学生”，一些老师还专门为他开起了“小灶”。而每逢周末，他就赶到省图书馆及周边一些大学的图书馆查阅建筑方面的书籍，图书馆成了他学习的第二课堂。

天道酬勤。近半年的学习使火会燎记下了十多万字的笔记，查阅的建筑类书籍近百本，这使他很快在建筑材料学方面打下了扎实基础，也使他从所有的学生中脱颖而出，笔试成绩屡次第一。

半年的学习生活很快结束了，学员们将进行结业汇报演讲。公司物资部经理吴文贵（现任中建商混公司董事长）带领系统负责人及部分项目的负责人前来听取汇报演说。

轮到了火会燎演说。他望着台下的众多公司领导及技术人员，深深吸了一口气，他知道检验自己学习成果的时候到了。他给自己拟定的演讲题目是“物资管理在项目成本控制中的地位”。这是一个难度颇高的课题，内容不仅涉及项目成本的众多方面知识，而且需要具备较强的综合分析及问题处理能力。扎实的知识功底使火会燎信心十足，他站在讲台上，从容地展示着自己所学的知识和见解，向领导和培育自己的老师交上了一份满意的答卷。

火会燎在演说中对物资管理的独特理解，让坐在台下的吴文贵经理既惊讶又高兴。演说结束后，吴经理当即找到了火会燎说："你对物资管理的看法比较独特，一些想法也很超前，我们需要你这样有思想的年轻人……"

编者手记

此时，新的机会之门又一次对火会燎敞开，他终于可以在中建三局这块沃土上尽情地展现才华了。不久，火会燎被分配到总包公司物资部，负责物资的调配工作，开始了他新的人生旅程。

二　天高任鸟飞，海阔凭鱼跃

“我曾是一只在风浪里穿越的燕子，在风浪中迷失过方向，面对风浪也曾胆怯退缩。但是现在我终于发现自己可以变成一只坚强的海燕，因为我的背后有一个广袤而博大的大海，她给了我信心和力量，这个大海就是祖国母亲。”

1
光荣加入中国共产党

在中建三局的建设大军中，有一支近10万的农民工队伍，他们为中建三局的发展做出了不可磨灭的贡献。在国家加大对农民工培训的利好政策下，中建三局也不断强化对农民工的培训，注重提升他们的综合素质，让他们与企业共同成长。

就在火会燎进入中建三局的这一年，国家陆续出台了提高农民工综合素质能力培训的系列举措，全国总工会与有关部门联合发布了《关于在建筑工地创建农民工业余学校的通知》。随后，湖北省也展开了农民工培训活动，要求达到一定规模的建筑工地须建起农民工业余学校，未创建农民工业余学校将不得参加“安全文明示范工地”、“鲁班奖”、“楚天杯”及各级优质工程的评选。一场声势浩大的农民工培训活动在湖北全面拉开。

这消息让火会燎感到兴奋，他知道农民工自我成长发展的黄金时代到来了。

中建三局响应国家号召，也构建起农民工学习培训体系，每个项目都建立了农民工业余学校，由项目经理或书记担任校长，组建了由技术骨干、职业院校老师为教学骨干的师资队伍。采取“相对固定教学场所”及“送教上工地”等多种方式进行教学，对参加培训的农民工还进行职业资格的鉴定，这些举措极大地提升了农民工的学习热情。

面对国家及企业不断加大农民工的培训力度，火会燎深有感触。回想自己曾经走过的打工之路，他开始反思一个深刻的人生问题：为什么许多渴望获得成功的人付出了辛勤的劳动，却落得一事无成的结局？

以前的火会燎可能无法回答这个问题，但是现在他已经切身地体会到：一个人的命运只有与国家和企业紧密相连时，个人的梦想才可能最终实现。他感受到这是一个可以让梦想腾飞的时代，是一个曾经苦苦追寻的时代。他决心义无反顾地投身到时代的大潮中，奉献自己的全部青春和热血。

此时，他在内心做出了一个庄严的决定：加入中国共产党。让自己的命运与党和祖国的命运紧密相连，去感受国家脉搏跳动的声音。

从 1992 年离开宁夏老家，火会燎就把《共产党员》杂志一直带在身边，这不仅是为了提醒自己不要忘记家乡，其中还有着另一层意思，就是希望自己有一天也能成为一名光荣的中国共产党党员。如果说以前在他心目中，与海浪不畏搏击的海燕就是共产党人的化身，那么后来他从袁世俊等中建三局的党员干部身上，读懂了共产党员的真正含义，也使他明确了前进的航标。

在入党申请书中，他以充满激情的语言表达了自己的憧憬与渴望：“……我曾是一只在风浪里穿越的燕子，在风浪中迷失过方向，面对风浪也曾胆怯退缩。但是，现在我终于发现自己可以变成一只坚强的海燕，因为我的背后有一个广袤而博大的大海，她给了我信心和力量，这个大海就是祖国母亲。”

从此，火会燎用实际行动自觉地接受着党组织的考验。

与火会燎一样，工友樊剑雄也以极大的热情投入到这场学习培训之中，专业技能和思想综合素质都有了较大的提高。他在给火会燎寄的一首新创作的小诗《我是一颗小小的沙砾》中，以满腔的激情表明了对学习的向往与渴望。

我是一颗小小的沙砾
在滔滔的江水中沉睡了多年
不经意间来到船舶
跟随兄弟姐妹顺水而下
历经千山万水终到岸边
饱受四季摧残冲刷
使得精干的身躯

我是一颗小小的沙砾
静静地躺在大地母亲的怀抱中
观看着喧闹的世界
来不及细究新的环境
便入新的团队
和碎石水泥结为兄弟
齐心协力
构成平坦的康庄大道

我是一颗小小的沙砾
哪里需要就有我的影子
不论在喧闹的都市
还是在偏远的乡郊
处处都有我的身影
与钢筋水泥碎石结为姐妹
竖起高耸大厦
过江隧道跨海桥梁
甘愿奉献小小的身躯

樊剑雄的《我是一颗小小的沙砾》诗中表现出的情感，使火会燎感同身受。在这个社会上，每个人都是一颗小小的沙砾，当汇集成片的时候就成了海滩，当齐心协力的时候就筑成了平坦大道。不要因为自己是一颗小小的沙砾，就哀叹渺小，更不要因为渺小而丧失前进的信心和勇气。想让自己成为高楼大厦、隧道桥梁，就必须不断地学习新的知识与理念，才能获得不断前进的动力与源泉。

从樊剑雄的沙砾诗中，火会燎强烈地感到个人的进步算不上进步，只有大家都共同前进，整个社会才能够良性地发展。虽然火会燎入党的梦想还没有实现，但是他用党员的标准要求着自己。他带头投入到农民工的学习培训中，把每天学到的新知识都用笔记形式记录下来。每一次的技能培训考试，他的成绩总是名列前茅，多次被公司评为学习标兵。系统培训学习更使火会燎提升了专业技能，让他对学无止境有了更深刻的体会。

2000 年，是一个让火会燎终生难忘的一年。这年 12 月，党组织经过认真考察，终于批准了火会燎的申请，吸收他加入中国共产党。

编者手记

他面对着鲜红的中国共产党党旗宣誓时，火会燎心潮澎湃百感交集：从一名曾四处流浪的打工仔，成为一名“国企队”的技术员工，正是在中建三局的一步步培养下，他实现了人生角色的转变。

2

如期而至的大舞台

中建三局企业党建长效机制的建立，也为火会燎的成长提供了肥沃的土壤。

2002 年 7 月的一天，火会燎接到去总承包公司的通知。领导交给他一项任务：负责公司安装经理部材料设备科的管理工作。

火会燎有些吃惊，虽然自己在物资管理系统的业务考核中屡次获奖，但毕竟还是一个没有学历的农民合同工，要成为这一重要岗位的负责人，他心中一时没了底。当他说出自己的顾虑时，领导笑了。他给火会燎讲述了中建三局发展壮大的一个“秘密”：虽然中建三局是国家级的建筑企业，但是并不享有建筑的垄断权，完全靠激发人才活力去开发市场。

看着火会燎听有所悟的样子，领导接着说：“我们的管理理念是以人为本。什么是以人为本？首先是用人的理念，用什么样的理念去选人、用人呢？凭德才、重经历、看业绩、听公论。第一是重视业绩的人才能得公认；第二是德才兼备德为先的人才能得重用，对一个建筑企业讲德的标准是什么？那就是遵纪守法，忠诚企业。有这两条基本就够了，没有缺点的人是不存在的，相反，能人往往是有缺点的。我们可以用有小缺点的大能人，但是小缺点的底线是什么？底线就是德。如果你不遵纪守法，不忠诚企业、就越过了底线。”

领导的话让火会燎感到兴奋，因为他进入中建三局后一直接受的就是这种教育。“我们在选干部的时候，如果业绩和德才得不到广大员工认可，那么他的能力就会被打问号。我们在对你的提拔上也是征求了群众意见的，结果证明你不仅是一名优秀的共产党员，还有较强的业务能力及钻研精神，事实证明你可以胜任这一新的工作。”领导肯定地说。

火会燎感动地点了点头，他知道，未来的日子只有用优异的工作业绩去回报领导和工友的信任。

编者手记

从1996年以农民合同工身份进入中建三局，到如今成为总承包公司的中层管理人员，正是中建三局“能者上，庸者下”的灵活用人机制，为火会燎实现人生价值提供了良好的氛围和土壤，从而完成了人生的第一次角色转型。这一次转型对火会燎来说，这是机遇也是一次新的挑战，他将站在一个更为广阔的舞台上，去展现自己的才华。

3 暴雨中清点钢管

对于材料的进出管理，火会燎严格得有些不近人情。一次，工地运进了100吨钢筋，火会燎对钢筋的尺寸和规格核对后，开始用粉笔清点着钢筋的数量。可就在钢筋清点到一半的时候，一场暴雨骤然而至，将钢筋上的粉笔痕迹冲唰得干干净净。

火会燎傻了眼，这批钢筋第二天就要用于施工了，如果数量不及时点清，将会影响到下一个施工环节。望着狂泻不止的暴雨，火会燎心里清楚，他在新岗位上面临的第一个考验来了。

年轻的火会燎已做好了迎接考验的准备，只是没有想到考验会以这种方式出现，来得迅猛而猝不及防。狂风暴雨使他想起了海燕，这只曾陪伴他走过重重苦难的海燕，将再次给他无穷的力量。

此时，粉笔和墨汁已无法在钢筋上做标记了。就在他无计可施的时候，忽然想到了妻子给自己织的红毛衣，如果在每一根清点过的钢筋上系一根小红线，就不怕暴风雨的侵袭了。

他立即找出红毛衣，剪成一截一截的红线头后，又冲进了暴风雨中。老天似乎执意要考验他，暴风雨丝毫没有停下来的意思，一连十多个小时狂泄不止。火会燎被暴雨淋得透不过气，就跑到屋檐下缓一缓，然后又冲入暴风雨中。火会燎浑身湿透地在暴风雨中清点钢筋的感人一幕，引起了众多职工的注意。在他的感染下，有的职工走上前替他撑起伞，有的职工则在一旁协助他清点钢筋数目。

袁世俊经理看到了这一幕，眼眶一阵发热。以前他听说过这个西北青年有一股执着劲儿，没想到竟然执着到如此程度。他上前拉住火会燎，要他先休息一下，等雨停了再清点数目。火会燎望了望滚滚的黑云，摇着头说："雨一时半会儿歇不了，明天这批钢筋急着用……您就让我点完这些钢再休息吧。"

在火会燎的一再请求下，袁世俊经理只好由了他去。那一次，火会燎硬是守着钢材一连点了 12 小时，当数量全部清点完，他累得瘫软在地。暴雨已停，工地的钢筋堆放场变成了一片红色的海洋，只见成千上万根钢筋上都系着红毛线，在清风的轻拂下一起飘动，犹如千万只红色的蜻蜓一起飞扬，形成了一道奇异的风景。

此时的火会燎身体已经疲惫至极，望着眼前一片耀眼的红色，再看看手中这件仅剩下半只袖口的毛衣，他的内心一阵愧疚。这件毛衣是他与妻子婚后离别时，妻子亲手为他织的。每一针每一线都寄托了妻子对他的思念与挚爱，没想到自己却将它献给了这片钢筋堆，他在内心充满了对妻子的感激与愧疚，默默念着："军功章上有我的一半，也有你的一半……"

由于钢筋数量清点的及时，中建三局的建设项目终于衔接上了施工的环节，他承担起了这个重任。这时，工地又运进一批钢筋，火会燎不顾休息又要去清点钢筋的数量。消息传到袁世俊的耳朵里时，这个一向和善的老人终于发火了。他将火会燎叫到面前一顿训斥道："你懂不懂留得青山在，不怕没柴烧的道理？你这样不要命的工作，身体搞垮了怎么办？以后的工作还要不要做了？"

火会燎感到不解，从前给建筑工地的包工头们打工时，他们恨不能让工人24小时连轴工作，甚至在工人生病时还被强行要求去上工，现在自己主动要求加班，竟然遭到了一顿批评。

看着火会燎一脸的困惑，袁世俊叹了一口气，语气变得温和起来："你的工作态度是值得肯定的，但是以健康为代价的工作方法是错误的。身体是什么？身体是我们继续工作的本钱，连本钱都没有了，以后还怎么去工作？你不顾及自己的身体，可我们还心疼呢，现在我命令你立即回宿舍去休息……"

编者手记

执着的火会燎终于在袁世俊的“命令”下回到了宿舍，躺在床上却翻来覆去地睡不着，脑海里不断翻腾着，为什么现在的工作环境与以往的工作环境有着如此大的差别？慢慢地他想明白了，其实两者间真正的差别，在于人性关怀与企业文化内涵的迥然不同。

4
努力学习，弥补不足

由于所学理论知识与实际情况有着一定的差距，火会燎在新的工作岗位中也曾出现过一些失误。对此，他的师傅，项目经理袁世俊与他进行了一次严肃的谈话：“实际施工中，每一个统计数据乃至材料验收出库犹如人身上的零部件，缺少一个都可能引出重大的质量问题……要保障一项工程的质量，就必须保证每道工序的衔接，这就要求所学知识能够应用到生产中，如果所学知识不能应用到生产中，那么理论知识就是纸上谈兵，变得毫无意义。”

一番话使火会燎顿然醒悟，他开始明白自己的差距所在。

为了让火会燎尽快缩小理论知识与实际间的差距，袁世俊主动担起了火会燎指导教师的角色。有时为了核对一个统计数据或是一项材料管理制度的建立，他会带着火会燎一次次跑仓库和施工一线，直至将情况彻底搞清楚。

火会燎明白袁世俊的良苦用心，他是用行动无声地告诉自己，只有深入到施工的一线进行实际调查，才能确保工作中不出差错。而火会燎也用自己的进步证明了他的能力、这让袁世俊打心眼里高兴，也喜欢上了这个憨厚好学的小伙子。

编者手记

在袁世俊潜移默化的带动下，火会燎学着他的工作方法，对每一个材料数据都进行统一的核实，很快就掌握了工作的流程，并能独立开展一些工作了。

5 做一名清廉上进的“总包人”

2008 年对所有中国人来说都是一个难忘之年。这一年，接二连三的重大自然灾害和突发事件，使每一个有良知的国民都遭受了一场场感同身受的心灵劫难。二月的冰雨雪灾肆虐了秀丽南国，冻僵了部分山川，却彰显出了一个民族最普通又伟大的情愫。

“5·12”的巴蜀大地陷入了悲哀的废墟之中，魂断残阕，举国悲殇。但是在灾难废墟面前呈现的，却是一个浴火重生的现代中国和坚韧不屈的民族自信心。凡此种种感人的定格，都使火会燎的心灵经受了数次的洗礼。

在火会燎的内心世界开始发生深刻的变化，他对人生有了全新的思考，对自己的工作也有了一种更深的体会。作为年轻的材料管理员，他常常自豪地称自己为中建三局“总包人”。他感受到在灾难面前物资供应高效快捷的重要性，高效廉洁的物资供应是保证废墟中生命存活的关键。

那一段时间，除了关注灾难本身之外，火会燎更多地是学习和了解物资供应使用中的监督情况，提高服务质量和创新服务理念。他提出，一切都以项目施工生产为主，在不违背公司规章制度的前提下简化工作流程，缩短服务链条，特殊事情特殊处理。

火会燎开始注重提高自身的理论水平。过去，他做人做事凭借的是朴素的感情和一腔激情，只顾一往无前地埋头拉车。现在的他意识到，肩上担着的是沉重的企业和社会责任，他必须要提升自己的政治和法律素质，提升综合管理能力，以保证这辆车沿着正确的轨道行使。他渴望结合本职工作不断学习，让自己的思想和能力与这个伟大的时代和企业赋予自己的责任相匹配。

除了更加注重专业技术学习外，火会燎每天都坚持收看新闻联播、购买当地的《半岛都市报》等时政报纸，了解国际民生，经济动态、焦点新闻；同时还阅读了专业管理著作和《向解放军同志学习》《想得到做得到》《细节决定成败》《赢在执行》《自我学习》等通俗管理读物，学习古今中外管理之道、经营理念，摸索企业运行规律及管理技巧。

通过学习，火会燎的政治敏锐性和把握全局的能力有了很大提升。

物资管理是个高危岗位，火会燎对此有着深刻认识。他认为要杜绝腐败的发生，除了制定严格的管理制度外，物资系统人员还必须有强烈的道德感和廉洁意识。作为物资部门的一名负责人和党员，火会燎深知廉政是一个中建三局人应有的基本素质，更是一名共产党员必备的党性和原则，自己的一言一行都将对员工产生影响。从此，火会燎给自己提出了要求：要成为廉政的一面镜子和榜样。他主动要求与公司党委书记张能平（现任总包公司工会主席）签订《廉政责任书》，为党风廉政建设责任制的落实起了示范作用。在他的影响下，系统内员工也争相签订了《廉政责任书》。与此同时，火会燎利用对供货方评价考核的机会，与部分供应商签订了年度《廉政协议》，培养系统员工、供应商队伍的廉政意识和作风，从源头抵御腐败。

编者手记

“勿以善小而不为、勿以恶小而为之”。火会燎用“廉政”二字要求自己，要求团队，使物资系统内没有发生一起行贿受贿事件，也没有出现违犯党纪、政纪的情况。

6
肩负重任

对于工作中每取得的一点成绩，火会燎都会打心眼里高兴，人生的价值只有在有意义的工作中，才能得到体现和提升。此时的火会燎如脱胎换骨一般，思想上发生了根本性的变化。如果说以前找工作仅仅是为了糊口生活，那么现在在火会燎的思想中，更多的是一种强烈的对社会的责任感。

有付出终有收获，火会燎的工作成绩得到了各级领导的认可，月奖金系数从0.4调高至1.0，成为煤炭工程项目中职工奖金系数调升最快的人。

袁世俊给火会燎的评语是："这是一个勤劳而无畏的人，不分白天黑夜的加班工作，一个人干了几个人的工作；他勤于学习，常思进取，工作中不断进行创新，有效提高了工作效率；他为人淡然而低调，有功不居傲，有过不推卸，表现了一名三局人应有的品德和胸怀。"

得知袁世俊的评价时，火会燎异常激动。自己只是本本分分做好分内的工作，就受到了如此高的评价和赞誉。而从袁世俊的身上，他同时感受到了一名大型国企领导人的精神风范，也明白了一个道理：领导的眼睛永远是雪亮的，你的每一点努力和付出都将映在他们的脑海中。

建筑行业中材料员也许不是一个很重要的岗位，但却是一个时常面临诱惑的岗位。一项工程建筑材料的进出管理，不仅涉及面广而且数量之大，是一些不法供应商眼里的“唐僧肉”。他们常常会采取以劣充好、数量“渗水”等不法手段来牟取暴利。

对于建筑行业的这种不法行径，火会燎深恶痛绝。当年他在兰州某建筑工地打工时，就曾目睹包工头偷工减料，致使楼房墙体坍塌而掩埋工人的惨剧。时至今日，被掩埋工人的痛号声仍萦绕在他耳边。也就是从那时起，火会燎对于建筑工程质量有着深刻的感受，建筑质量的好坏直接关系着人的生命。每当他看见房屋倒塌导致生命消失的新闻时，就感到心在滴血。

火会燎把自己的岗位比喻成一个足球守门员，只有拼命将一个个侵袭之球阻挡在大门之外，方能保证后方的平安。每一个所处社会之人，都应该承担相应的社会责任。

编者手记

在火会燎的性格中，承担社会责任是天经地义的事，正是怀着这种想法他踏入了社会。当他进入到中建三局后，更加坚定不论是个人还是集体，在社会中都肩负着不可推卸的责任。

7
练就出的“火眼金睛”

由于火会燎在项目工作中的出色表现，他被公司任命为水电大项目的材料负责人，项目经理为章维成。当听到对自己的任命消息时，火会燎简直不敢相信自己的耳朵。在中建三局的历史上，还从没听说一名农民合同工负责一个工程项目的材料管理。他知道这不仅是对他的充分信任，更是赋予他的沉重责任。

与火会燎初次担任项目材料负责人一样，章维成也是第一次担任项目经理。两个老朋友再次相遇，自然分外高兴。更重要的是两人已有了成功合作的经验，这将为新工程项目的胜利完成起到保障作用。

项目上马的消息传出后，各地的材料供应商蜂拥而至。在章维成的支持下，火会燎制定了严格的材料管理制度，一旦发现供应商有以次充好及偷工减料的情况，立即处理绝不姑息。

一次，火会燎在检收供应商提供的两车钢筋时，忽然发现这批钢筋中有的尺寸偏大，有的钢筋尺寸又明显比供货要求得小，而且这批钢筋表面的颜色也较杂，显然不是一个钢厂生产出来的产品。面对火会燎质疑的目光，供应商赶紧掏出钢筋检验单。

从检验单上似乎看不出什么问题，但是这批钢筋为何会出现颜色和尺寸的不同呢？他感到这其中必定有蹊跷，为了一查究竟，他爬上货车决定对钢筋的尺寸进行逐一测量。

火会燎的举动吓了供应商一跳，他没有料到这个看似不起眼的材料员，竟然会如此认真，要逐一测量两车钢筋的尺寸。

供应商赶紧将他拉到了一旁，悄悄塞给他一个大纸包，希望他能够在材料的验收上“通融”一下。火会燎一下明白了，但是为了了解其中的缘由，他佯装不知故意问道：“你不是有钢筋检验单么？干吗还要我通融？”

供应商讪笑了笑：“这个……不瞒您说，这里面掺了一小点点……别的钢筋……不多，不多。”

火会燎终于明白了，为何一批钢筋中有着尺寸与颜色的不同。显然供应商想用这种方法瞒天过海，以此达到牟取暴利的目的。

“只要您高抬一下贵手，这钱就是您的了，钱不多……呵呵，也不少……”供应商诡异地笑了笑，仍想往火会燎的口袋里塞纸包。

“不急不急。”火会燎拦住了他的手。他打心眼里对这种无视人民生命安全的人感到厌恶，如果用良心与这种人进行金钱的交易，将令自己终身不得安宁。不过，他决定好好教训一下这个不良供应商。

“这事……我一个人可做不了主。”火会燎点点头假意说。

“喔，您说还要谁要打点的？我保证将红包一个个送到。”

供应商脸上一喜，连连说道。

“我这里签完字后，还要过项目经理这一关，过了经理一关还要过中建三局干部职工一关，最后还要过全国老百姓一关。”火会燎语气平静地说。

供应商听得目瞪口呆，稍后才明白被“耍”了，不禁气得满脸通红，却又无计可施。火会燎将情况向章维成进行了汇报。章维成立即对供应商的钢筋作出了退货处理的决定，同时调低了该供应商的信誉级别，并对其提出了严重的警告。

火会燎铁面无私“戏耍”不良供应商的事，很快就在供应商中间传开了。有的供应商决定试探一下他，看看他是否真的那么铁面无私。

几天后，工地又进了两车钢筋，火会燎照例按程序对这些钢筋进行了逐一的检验，一切都符合质量规格。就在火会燎准备签下验收单时，供应商悄悄塞给他一个红包，并神秘地冲他眨了眨眼。

火会燎一下警觉起来，这批钢筋的质量验收合格，供应商为何还要给自己红包？难道是因为自己的失误，而忽略了一些检验环节？

想到这里，他立即止住手中的签字笔，返身爬上货车去重新逐一检验。供应商见火会燎当真了，这才意识到玩笑可能开大了，他赶紧上前拦住火会燎，歉意地说自己只是想开个玩笑。

火会燎却摇摇头说：“不管你说的理由是真是假，我都要重新验收一下，这不仅是对你负责，也是对整个工程质量负责。”供应商无奈地只得由他去。两个多小时后，火会燎将钢筋全部清点完，果然全部钢筋合格，这时他才想起刚才供应商说的话，不禁摇头苦笑。

“真是好样的，我算是彻底服了，服了！”供应商冲着他树起了大拇指。

火会燎练就了一双“火眼金睛”，劣质材料休想从他眼皮下逃过，火会燎犹如一尊把守着质量关的门神，将劣质的建筑材料堵在了工地之外，令不良供应商心惊胆战。一些不良供应商不禁发出了“撼山易，撼中建三局难”的感叹。

听到不良供应商的感叹声，火会燎哑然失笑。这句引自金兵对南宋民族英雄岳飞的话，道出了不良供应商的真实心态。从不良供应商的感叹声中，火会燎感到了一种成就感。

编者手记

火会燎仍然清醒地认识到，面对的将是一场正义与邪恶的战争，战场上没有刀光剑影，没有战火硝烟，但是充满了道德与利益的较量。只有以良心为阵地，以信心为武器，才能一次次击退敌人的进攻。

8
工地上的“拼命三郎”

两次的大项目管理工作使火会燎决心系统学习材料学的知识，以此弥补建筑知识的不足。他的想法得到了章维成的赞同，章维成替火会燎借出大量建筑材料的书籍，这些书籍涉及水泥、混凝土、沥青、钢材、木材、石材及墙体材料等内容。那段时间，同事们发现他常拿着书本蹲在材料堆场，对着材料实物一一比对，有时在堆料场一待就是好几个小时。虽然学习的过程困难重重，但是火会燎并没有气馁和退缩，从各种建筑材料的外表形式，到材料内在的强度参考数据等，他一个个摸索，直至搞清楚。

当他遇到不理解的内容时，就去向工地的技术人员和老职工们请教。火会燎“拼命三郎”式的学习劲头，让章维成看在眼里喜在心里，为了帮助火会燎提高业务能力，他不仅安排火会燎参加一些短期培训学习班，还常常组织技术员和老职工开材料质量分析会，探讨质量管理中存在的问题及解决方法，这些分析都对火会燎严把材料质量关，起到了积极的推进作用。

经过一段时间的学习，火会燎对建筑材料知识有了较为全面的了解。同时，他也从实际工作中摸索出一种目测数量法，例如，从水泥的横向或者竖向的堆放中，他就可以较为准确的估算出水泥的数量。在火会燎的人生词典里，似乎没有学不会的知识，只要肯学一切皆有可能。

有些同事不相信他的目测法，决定考验他一下。同事让火会燎目测途经的两车水泥的数量。火会燎大致观测了一下两车水泥的堆放方位及高度后，断言一车上有 14 吨水泥，另一车则有 16 吨水泥。同事们爬到两辆货车上清点水泥，果然一辆车上有水泥 16 吨，另一车有水泥 14 吨。两车的数量与火会燎判断的一模一样，这一下大家都叹服了，纷纷冲他举起了大拇指。

编者手记

火会燎说，“一名优秀的员工，总会尽职尽责地完成任务。学习和创新则是永恒不变的主题。只有把企业的事当做自己的事来做，就没有干不好的事，没有完不成的任务。”

三、火会燎工作创新法

“一个人、一个企业只有看准了一件事，不放弃、不折腾，不瞎鼓捣，一心努力去做，就一定能够取得成功。”

1
“不学习的损失”

在国家出台大力加强对农民工技术能力和素质提升培训政策的指导下，企业对新入职的农民合同工开展了一系列技术技能培训。

火会燎也非常重视自己所负责的料具站工作人员技术技能素质的提升。他发现，虽然国家和公司花费了巨大的人力、物力和财力对务工人员进行系统的学习和培训，少数人却并不愿意参加学习，还有些人即使参加学习也是为了应付，学习懈怠逃课的情况时有发生。针对这种情况，他以交心谈话方式与他们进行真诚交流。

有一次，火会燎发现工地上一个年龄较大的农民工很少参加学习，或是在培训班里坐一会儿就不见人影。火会燎找到这位农民工询问情况，农民工摇摇头：“我都快50岁的人了，还干个几年就回家了，学这些技术能有什么用?”

“你不去学技术，受到的损失可就大了。”火会燎故意笑着说。

“不学习还有损失?”农民工吃了一惊。

火会燎扳着手指头给他算了一笔账："当然有损失呀！你想想，公司出钱请老师教你学技术，你不去学习是不是有损失？你现在虽然快50岁了，但至少还有几十年的时间要活，如果学会了一门技能，说不定日后回乡还能自谋职业；再说你有儿子和孙子吧，如果你将学到的技术传授给他们，他们既免费学到了技能，还拥有了一个谋生的技能……"

"是呀，我怎么就没有想到呢？"农民工一拍大腿说。在火会燎的劝说下，他高高兴兴地学习去了。

随着学习培训活动的不断展开，一场创先评优活动也随之拉开，中建三局70多个大型、重点项目都开展了争创党员先锋号、工人先锋号、青年文明号的"三号联创"活动，每个月都有一批岗位明星和红旗班组脱颖而出。在这场轰轰烈烈的大学习大创先的氛围下，火会燎的学习热情被极大地调动起来了。

自从进入工程材料管理人员的行列后，火会燎就承担起了制定工程材料管理规章等重要任务。由于工作中常常遇到一些无法解决的难点问题，使他感受到了专业知识的不足，苦恼不已。这时，中建三局又相继开展了"阳光工程"和"温暖工程"，利用大专院校的丰富教学资源和教学设备，进行农民工的教学培训。火会燎利用这次学习机会，报考了武汉科技大学工程专业，系统学习了OHSAS1800职业健康安全管理体系与ISO14000环境体系等内容，管理水平得到很大的提升。

不久，火会燎将学到的管理知识运用在了工作上。在水电大学工程项目上，他改革了现场的材料管理制度，制定了最新的国际管理系统，使工地的材料管理出现了焕然一新的面貌，施工效率及安全度都得到了很大的提升。这使火会燎深深感到，只有将所学的知识转化为生产力，学以致用，才能有效解决工作中出现的问题，学习培训才算达到了效果。

通过学习，火会燎形成了一套严谨完善的工作管理方法，业务能力有了很大的提高。他所在的工程项目材料组，连续多年在公司的物资管理系统业务考核中名列第一，所在的材料组也先后 9 次被公司评为先进班组，他本人也连续 5 年被评为公司先进个人。

编者手记

作为一名农民合同工，火会燎在人才济济的中建三局屡拔物资管理考核的头筹，不得不让人们对他肃然起敬。

2
三步棋管理法

火会燎上任水电大项目的材料负责人后，便采取了大刀阔斧的管理结构调整。要对一个工程材料进行有效的管理，并让其发挥最大的效益，仅靠将劣质材料拒之门外是不够的。他感到建立一个完整的材料数据库的重要性，只有在完善了材料统计数据的基础上，才能便于科学的管理与运行程序。

基于多年土建物资的管理经验，他从物资基础管理入手，结合安装材料品种繁杂，质量标准、技术参数要求高，价格相差大等特点，在原有管理体系的模式上，与科室人员一起摸索出一套新的管理模式。

为了搞清楚公司安装材料的“家底”，他带领科室人员深入工程一线干部职工中开展调研，不仅摸清楚了“家底”，还掌握了最新的生产安装信息。

火会燎总结出了“三步棋管理法则”：

第一步棋是建立起一套安装材料设备的信息库。新的信息库所涉内容丰富广泛，可以直接了解到国内外的相关实用信息，对于指导工地现场起到了很大促进作用，同时为更好地与建材市场对接打下坚实的基础，实施了公司物资信息的科学化管理；

第二步棋是建立了一批专业性较强的优秀供方资源。此举极大地方便了与供方间的沟通与了解，提高了工作效率。节省了大量运行成本，实现了“小小信息一点知天下”；

第三步棋则是对科室内部的管理制度进行大幅度调整。他发现，如果市场竞争压力不能传递给员工，那么企业改革自我、超越自我的动力就会明显不足，而唯有建立起绩效考核机制，将压力层层传递下去，并通过专项考核、奖优罚劣，将激励约束机制落到实处，才能调动每位职工的积极性。

为此，他拟订了科学有效的安装材料人员岗位责任制，通过“压力求进、过程痛苦、成功快乐”的奖优罚劣动态管理，根除了那种“干的不如看的，看的不如说的，自觉奉献的不如以权谋私的”等弊端。

编者手记

火会燎通过多年工作经验总结出的“三步棋管理法”不仅得到员工的认可，同时得到了公司领导的赏识与支持。先进的工作方法保证了企业运转的稳健与效率，为企业的进一步发展奠定了坚实的基础。

3
把企业当自己家来经营

“三步棋”制度虽然建立起来了，但是火会燎清楚“制度是根本，人和才是保证”的道理。为此，他建立了一套“以人为本”的激励机制，很快使科室局面焕然一新，生产效益得到明显的提升。

火会燎“以人为本”的创新管理方法，得到了公司领导的重视及各方好评。一些人对他初上管理岗位，就显现出了较高的管理水平而感到吃惊，不断有人向他询问管理“窍门”。

一次，一位兄弟单位负责人也向他提出这一问题，他想了想回答道：“其实也没什么窍门，只要企业对职工好，职工们自然会努力工作。”

火会燎用了一个最朴素的道理，说出了一个最深奥的企业管理哲学。他说：“1996年，我们作为农民合同工从大西北来到公司，我们的衣食住行都是公司免费提供的，公司还为我们请了最好的老师，而公司对我们的要求只有一个，就是扎扎实实学会一门技术。”

兄弟单位负责人愣了一下，不知他为何说到自己身上。“后来我们这些农民工被分到了各个工地，我们不但没有受到歧视，还有专人安排我们的生活，工地领导经常对我们问寒问暖，多次帮助我们解决生活中的实际困难。”

兄弟单位负责人仍不清楚他到底要表达什么意思。“为了提高我们这些农民工的业务知识和能力，公司还举办了各种各样的农民工学习班，为我们提供了到大学进修的机会，使我们的专业知识有了很大的提高，我们中有些人为此成了技术能手、红旗标兵、学习标兵、劳动模范……”火会燎声音有些激动。

“喔……”兄弟单位负责人似乎有些明白了。

火会燎接着说：“为了提高我们的综合素质及政治素养，公司鼓励我们参加各种学习……你问我在人事管理上有什么窍门？答案就是充分爱护和尊重你的员工，时时处处替他们着想，为他们营造一个发展的空间，他们就会将企业当成自己的家来经营。”

“说得太好了，我明白了，明白了。”兄弟单位负责人紧紧握住火会燎的手。火会燎一番直抒胸臆的话使他感叹不已，也令他感同身受，每一个中建三局人都是在这样的氛围中成长起来的。

编者手记

火会燎认为，要将职工培育成知识型和学习型的建设者，有效的方法是将企业文化渗透到生产经营的各个环节中，相信和尊重职工，职工才乐于参与到企业的管理中去。“三步棋管理法”与“以人为本”理念均提高了工作效率，增强了员工归属感，在中建三局里得到了进一步的推广。

4
一根筋式管理法

火会燎走上料具站的管理岗位后，对这个岗位的职责和重要性有着深刻理解，为此，他的紧迫感也越来越强烈，他感到只有不断加强学习，才能使思想不落后于企业和时代的要求，从此，阅读管理类书籍成了他每天必不可少的功课。

火会燎相继阅读了《质量管理》《真理时报》《科学管理

原理》《独树一帜》《细节决定成败》《赢在执行》等大量中外管理类书籍。他在管理学的知识海洋里遨游和汲取着营养，随着掌握的管理知识越来越多，他逐渐发现一些管理理念与现实情况不符，甚至有时还出现与实际情况相违背的情况。他感到只有将书本上的管理理念与现实情况相结合，以实事求是的态度制定管理制度，才能达到科学合理管理的目的。

有一次，几个员工找到火会燎，希望利用料具站的资源进行第二产业开发，以期增加料具站的收入。火会燎摇摇头说："料具站的主要职责是保障各工程项目材料的正常运转，我们只能以这个内容为工作中心，实行一根筋式的管理，才能使料具站的社会效益和经济效益同步增长。"

"什么是一根筋式的管理？"员工们感到惊奇。

"一根筋式管理就是看准了一点，然后用全部的精力去攻其一点。"火会燎说。

随后他给员工们讲了一个关于"一根筋管理"的故事："阿甘是美国电影《阿甘正传》中的主要角色，他一生只做了四件事，踢球（美式）、当兵、打球（乒乓）、捕虾。他三次受到美国总统的接见，一次获得国会荣誉勋章。他为什么获得这么多荣誉？阿甘很聪明？他的智商只有75。阿甘有'背景'？答案是没有。但是他能够成功，最重要的一个原因是：无论做什么事都是'一根筋'，一心一意和全力以赴地去做，结果他成功了。"

火会燎随之举出一些耳熟能详、用"一根筋"方式管理成功的商业例子，世界第一强零售业的老大——沃尔玛自始至终只做零售，钱再多都不买地，从不去做房地产；通用汽车一百多年来只做汽车与配件，资产达到八万亿了，也不去做航空与轮船；世界首富比尔盖茨也是一条路走到底，钱再多都只做软件，其他行业再赚钱都不去做；女作家罗琳40多岁开始写作，而且专写哈利·波特，竟然写成亿万作家；福特专心于生产廉价小汽车，结果成为有史以来最富有的人物；吉列致力于生产安全刮胡刀片，使全世界的男人都能够把脸刮得“干干净净”……

“你们知道曾经占据领导优势的春兰空调，为什么现在丧失了领先优势?”火会燎忽然问道，员工们纷纷摇头。

“因为春兰集团多年来一直在不断地变换自己的营业范围。1994年，在春兰空调正红火的时候，春兰上马了摩托车项目；1997年春兰收购了南京东风汽车厂，上马中型卡车项目；2002年春兰又决定上马‘高能动力镍氢电池’及电动自行车项目。尽管春兰在国内奉行多元化的企业中间，尚属操作的比较成功的企业，但时至今日，春兰多元化项目，几乎没有一项达到通用电气‘数一数二原则’的标准，反而丧失了空调领先的优势。”

火会燎继续说道：“我们看看《财富》世界500强企业的简历，就会发现它们之间有一个共同的规律，即都是脑子一根筋，只走一条路，专做一件事。这也告诉了我们一个真理，无论是一个人，一个品牌，一个企业甚至一个国家，财力、精力、时间等资源永远是有限的，以有限资源追逐更多目标，就是穷折腾，瞎鼓捣，只能落得竹篮打水一场空。而要取得成功就必须聚焦、聚焦再聚焦，专注、专注再专注。一个人一辈子做好一件事，就是了不起。”

编者手记

“一个人一个企业只有看准了一件事，不放弃、不折腾，不瞎鼓捣，一心努力去做，就一定能够取得成功。”火会燎总是这样和员工说。他的执着与坚持，促使员工一心做好眼前事，也打消了他们开辟第二产业的念头。

5
“不拘一格”的人才选拔机制

随着中建三局的改制不断深入进行，总承包公司的发展也渐渐走上了快车道，承接的工程项目逐年增多，对各类人才的需求量也在逐年递增。人才是中建三局多年保持不败的法宝，由于加大了对人才培养的力度，使一大批优秀基层管理者脱颖而出。

但是随着改制的深入，人员素质参差不齐，人才梯次结构不合理等问题也陆续浮现出来。如何打造一支业务素质高的物资系统人才队伍，对于公司今后的发展尤为重要。作为一名从最基层农民工中培养起来的中层管理干部，火会燎对人才的建设有着更深一层的认识。

的确，从一名农民工一步步走到中层管理人员的岗位，火会燎付出了大量的心血和汗水。他的勤奋好学与技术创新是众人皆知的，他也是中建三局众多青年心目中的楷模。作为中建三局“不拘一格”人才选拔培养机制下涌现出的典型代表之一，火会燎没有想到竟然会有一天，自己也承担起了选拔人才的重任。总公司领导将选拔物资系统人才的重任交给火会燎，接到任务时他犹豫了起来。

“一个企业发展要有三大要素支撑，市场、体制和人才。现在我们的市场和体制都没问题，面临的最大问题就是人才的缺乏……我们希望你能在选拔物资系统人才方面，起到重要的作用。”公司党委书记胡金国（现任局纪委书记）满怀期望地望着他说。

“我理解……可是……我怕完成不好这个任务。”火会燎心里犹豫了起来。

“有什么困难你就尽管说，今天我们开诚布公交流一下想法，怎么样?”胡金国笑着望着他。火会燎点着头说：“领导让我参加人才选拔，对我的信任我非常感激。我也是通过人才选拔走上了管理岗位……只是我的专长还是物资的管理，人才选拔知识还是一个门外汉。我怕自己担不起这个重任。”

“其实，你的成长经历我们都非常清楚，作为一名公司选拔的典型人才，你对公司的人才选拔制度应该是感受最深的，你本身也是一个最好的例子。你是一名共产党员，对企业的经营应该有着全局的意识，现在企业面临着发展的转折关头，需要许许多多有真才实学的人才，现在公司将任务交给你，也是对你的信任，更是党交给你的任务。希望你能很好地完成人才选拔的任务。”胡金国书记语气坚定而诚恳地说。

火会燎的心被深深地触动了。“是呀，作为一名共产党员就应该时时替党和企业分忧，又怎么能在党交给的任务面前退缩呢?”他感到了脸上一阵阵地发烫。

“火会燎呀，你现在是怎么了？不敢接受党交给的新的任务了？你以前的冲劲和斗志都到哪里去了？亏你还是公司选拔的典型人才，是典型就该与典型的称号相匹配呀?”他在心里一遍遍地责怪着自己。

火会燎欣然接受了任务，并认真研究和学习起人才选拔知识。通过学习和研究，火会燎对人才有了新的认识，21 世纪是以知识为基础的新经济时代，企业变成了知识整合系统或是创造、传递和运用知识的组织。在这种新的组织形势下，人力资源管理制度模式要想在竞争中占有优势，就必定要适应企业这种内在知识结构的变化，才能发挥出更大的功效。

那么，新经济时代企业需要什么样的人才呢？火会燎感到企业最重要的已经不是生产设备及工具，商品的价值也不再是劳动者体力的简单转化，而是劳动者高度的创新意识和创新能力。与创新性人才同等重要的则是企业发展不可或缺的力量。个性化人才能为企业设计出独特的发展思路，让这种个性化的发展与企业的需求相复合，与所在组织或部门的需求相吻合，个性化发展就能发挥出巨大的效益。

对于人才的含义，火会燎开始有了自己的独特理解，那就是在新的经济时代环境下，能结合企业的实际发展现状，创造出独特而具有市场潜力的产品或独特管理思路方法的人。有了对现代人才内涵的认识和理解，火会燎眼前仿佛打开了一扇智慧的大门。他决定结合自身的成长经历和专业知识，为公司选拔出真正的物资管理系统的人才。

不久，火会燎依据公司当前改制发展现状，以及各工程项目部材料物资管理的实际情况，制订出了《中建三局工程总承包公司项目材料组长选拔、任用管理办法（试行)》，这一选拔任用管理办法得到了公司人力资源部的肯定与支持。随后，在公司人力资源部及物资系统员工的支持下，火会燎成功地在江滩花园、中誉大客等众多项目工地上，主持了工程项目材料组组长的竞聘工作。在经过了数轮激烈的公开竞聘后，两名现场材料工成功走上了材料组长的管理岗位，实现了人生的转折。

两名材料工竞聘成功，让火会燎感慨不已。当年正是公司“不拘一格”的用人机制，使他从一名农民工走上了中层管理人员的岗位。如今从这两名材料工的身上，他似乎看到了自己曾经走过的路。时光仿佛倒流，唯一没有变化的是公司“不拘一格”的选拔人才理念。

编者手记

后来的事实证明，正是凭借这种灵活的人才选拔机制，建起了物资系统人才成长培养激励机制，不仅激活了公司的人力资源动力，还优化了人才梯次结构，为广大一线职工、农民工提供了一个公平竞争和发挥潜能的平台，也为业务骨干提供了一个良好的发展渠道。

6
建立物资管理新制度

2003 年 12 月 28 日，对于中建三局是个具有里程碑意义的日子——“中建三局建设工程股份有限公司”挂牌运营，此举在中建总公司八个工程局中尚属首例。这标志着中建三局按照“着眼整体改制，重在主营上市”的总体原则和“主辅分立、规范改制、互动齐飞”的基本思路，在实现企业股权多元化、加快建立规范的现代企业制度方面迈出了关键性的一步。

2004 年是中建三局股份公司运行的开局之年，也是实行组织结构调整与产业结构调整的关键年。作为率先进行改制的央企，中建三局担当起了央企改革开路先锋的角色，改制的成败影响深远，意义重大。

这一年，在中建三局的支持下，总承包公司按“全局一盘棋”的指导思想，进行了大刀阔斧的改革，先后成功托管局路桥公司，整合局设备租赁公司，从公司分离出去了商品混凝土公司、建筑料具工程有限责任公司和房地产公司。作为中建三局改制的先行兵，总承包公司改制后能否保持稳定的发展，改制的经验能否为别的部门借鉴，都将成为人们关注的内容。

也在这一年，火会燎被聘为总承包公司物资部经理助理，协助向卫平经理工作（现任中建商混成都公司总经理）。至此，他正式走上了中层管理人员的岗位。此时公司物资部不仅要承担起输送“粮草”的重任，还承担着替企业精打细算降低成本的重任。从某种意义上说，此时物资部门的工作质量如何，将在一定程度上影响全局的改制成本及其效果。

公司此时将火会燎调到重要的物资部门，显示出公司高层对他的重视与期望，火会燎也深深感觉到了这一点。多年来与企业同呼吸共命运的使命感，已经使他养成了高度的纪律性、工作的严谨性及看问题的前瞻性。

对于改制火会燎有着清醒的认识，在中建三局 20 多年的发展历程中，虽然合同签约额连年突破百亿元大关，但是由于过去计划经济体制存在的某些弱点，出现了企业负担过重及人才外流等现象，制约了企业进一步发展壮大。只有剔除了管理体制中的弊端，才能迎来中建三局新的辉煌。

上任伊始，为了让物资部门尽快适应公司改制的新局面，在向卫平经理的领导下，火会燎对改制过程进行了全程跟踪调研。他发现一些企业在改制过程中，由于对物资管理情况的认识差异，导致一些工程项目物资管理方面出现问题，影响到工程成本的增加及企业的稳定。

为了解决这些改制中遇到的紧迫问题，火会燎与部门人员放弃了所有的节假日，夜以继日地奔波在南方帝园、工程、经管学院等项目。此举不仅解决了工作中的一些实际问题，增强了公司物资系统的凝聚力，体现了系统工作一盘棋的作风，而且表现出了总承包公司大家庭一方有难，八方支援的良好工作氛围。

此次深入施工一线调研，使火会燎掌握了大量第一手数据资料及施工动态，了解了改制企业问题的症结所在。他依此制定了《物资管理手册》，并拟定了《劳动防护用品管理办法》《料具租赁管理办法》等相关的管理制度。同时对原有的《物资成本快报》也进行了部分修改修订，创造性地提出了以工程节点为管理的重点测控内容，从而使各工程节点上的物资投入范围，有了一个较为明确的界定。

初战取得了明显的成效，完成了主辅分离后的物资系统管理框架，并实现了与其他同行业先进管理经验接轨，他们的工作成绩受到总公司及各级部门的好评。

物资系统改制措施的成功实行，使火会燎对于控制物资损耗有了更深的认识。他发现在工程项目施工过程中，材料费占施工总成本的60% -70%，要想控制好工程项目生产总成本，一个重要的手段就是将项目物资管理，由单一的物资部门管理向多部门转变。他的这一构想打破了实行多年的物资管理上“统包统揽”的大锅饭格局，立即引起有关各方的注意。

根据这一构想，火会燎制定出了一套工程项目部物资管理细则，首先明确在工程开工之前，项目经理、总工、预算部门及工长等必须认真对工程设计图纸进行熟悉和分析，并根据工程需要准确测算材料实际数量，编制物资采购总体计划，然后由项目技术部门编制、预算部门审核、项目经理审核后报送上级采购主管部门。

与此同时，对项目所处区域的大宗主材及受地域限制的部分物资情况，进行重点调研，为物资招标采购工作做好前期铺垫。在材料使用的管理环节上，则按照不同的施工工序，将整个施工过程划分为几个阶段，按定额供应实行限额领料，对工程材料使用消耗特别大的工序，进行重点监控。另一个有效方案就是实行材料包干使用，直接将工人、技术人员、材料员等相关人员的经济奖惩与包干挂钩，使他们对材料的节余潜力有了清楚认识，并能依据实际情况制订节约方案。

不让节约成为一句空话，工作就必须做到细微处。在工作中，火会燎发现物资管理中的一个细小漏洞：少数员工对本月未使用完的材料，既没有用于下个月的施工，也未进入下月材料使用报表之中，致使许多材料闲置在工地上，从而出现了材料的隐形损耗。这种情况往往造成材料管理成本的失控，看似细小的漏洞、不起眼的浪费，最终酿成大量的材料损耗。

针对材料管理上的这些漏洞，火会燎巧妙地制定了“假退料”的管理制度。对月末施工项目中已领未用，而下月仍继续要用的材料不退回仓库，但必须编制本月的退料单和下月的领料单，尤其对项目施工中只完成制作，尚未安装的材料耗用实行“假退料”，成功达到了收支相对平衡的效果。

编者手记

新的物资管理制度不仅减少了退、领料的搬运，而且能准确反映当月材料的实际耗料。这一管理制度出台，立即在工地上产生很好的效果，材料隐形损耗情况开始大大减少。火会燎建立的物资管理新措施及新思路，也为总包公司改制中降低成本，起到了很好的借鉴和指导意义。

7

靠诚信和坚韧创出一片新天地

2005年是总承包公司“十一五”规划的开局年，也是公司历经十年艰苦创业、继往开来再攀高峰的关键年。公司做出一系列重大战略性决策，其中包括以建立山东分公司开拓山东市场为契机，陆续打开东北、华北和西北的建筑市场，继而实现公司跨越式发展的战略部署。

这一年，火会燎接到赴山东分公司负责物资采购供应及管理工作的任务。时任总包公司总经理陈华元委托时任总包公司党委书记胡金国与火会燎进行了一次长谈。

“这次开拓山东市场，将关系和影响到总包今后的长足发展，总包是下了大决心的。陈总希望你能去山东，希望你能将才华尽情表现出来。”胡金国书记说。

领导的信任燃起了火会燎心中的激情，他明白自己又将踏入一个新的人生转折点。在中建三局这个人文关怀的大熔炉里，他不仅找到了自己的人生坐标，而且找到了心灵的归宿。

辞别家人后，火会燎和同事们来到了齐鲁大地。这是一片神奇而伟大的土地，孔子在这里诞生，泰山从这里崛起，黄河由这里入海；这里不仅历史悠久，经济发达，而且历来是商家必争之地。

火会燎站在黄河边，心绪与奔腾不息的黄河一样起伏难平。似乎从黄河的咆哮中，听到了黄河的声音："只要心中有着坚忍不拔的意志，就能够开创出一片新的天地。"

万事开头难。刚进入山东大地，他们人生地不熟，在极其简易的活动工棚中生活，火会燎是可以忍受的，但是不能按时工作则是他无法接受的。俗话说"兵马未动，粮草先行"，火会燎所在的分公司物资部此时犹如部队的先行军，不仅要探清前方的道路，还要首先保证项目建筑材料的及时供应。

就在他感到工作难以开展的时候，山东分公司总经理王江波（现任总包公司副总经理）给他送来了"定心丸"："现在山东公司刚创建，工作局面一时难以打开是正常的，不要灰心，我们相信你的能力。你就放心大胆地去干，你觉得好的办法，我们都会全力支持。在打开工作局面之前，我们认为市场调研应该是最紧迫的一个环节。"

领导的信任与支持给了火会燎极大的动力，同时也开启了他的思路。此时他已在公司物资系统历练了十多年，他深知一支团队要具有战斗力，首先必须重视调研、知己知彼，也只有通过不断的调查研究，才能够抓住事物规律的脉搏，从而牢牢掌握住市场的主动权。他决定将部门员工分散到市场去，充分发挥他们的主观能动性，对接建材市场的第一手资料，寻找出缩短物资采购链条的捷径，减少一些不必要的中间环节。

在将员工们分散出去后，火会燎也与纪检、财务等部门工作人员组成调研组远赴临沂等地，对一定规模的建材市场及商户进行调查。为了提高调研的效率，火会燎和调研组成员在生活上力求简朴，饿了吃煎饼卷大葱，渴了喝点白开水。就这样，他们在一个多月的时间里，调查了十多家大中型建材市场，走访了数百家建材商户，掌握了大量山东建材市场的最新信息。更重要的是通过此次走访调查，他们结交了一大批建材商朋友，赢得了他们的信任。一扇陌生的大门终于打开了，而火会燎与同事们的脚底已磨出了厚厚的一层茧。

火会燎通过调查发现，与湖北地区不同的是，山东地区建材市场上供需双方一般采取现金采购方式，拖欠款或按工程款比例支付的情况不多。而山东分公司成立不久，资金周转存在着一定的困难，加之分公司项目较少，又相对分散，区域分布跨度大，资源共享的优势不明显，给物资的供应与管理带来了一定难度，集中采购供应也受到了限制。

在掌握了第一手资料后，火会燎心里渐渐有了底。他利用与建材商建立的良好关系，以诚相待，赢得了建材商们的充分信任。一次，分公司一个工程项目要开工急需钢材进场，由于分公司刚成立不久，资金周转一时有困难，而钢材供货商由于对中建三局还不熟悉，不愿意赊账发货。此时如果钢材不到场，就势必影响到整个工程的开工，这对刚刚打开局面的山东分公司，将带来很不好的影响。

众人都将目光投向了火会燎，这使他感到了巨大的压力。作为山东分公司建筑材料的负责人，他必须承担起及时供应材料的重任。在火会燎的努力下，钢材在工程开工前及时运到了工地，缓解了生产的燃眉之急，保障了工程的顺利开工。

编者手记

在火会燎及同事们的共同努力下，逐步扭转了山东分公司创建之初因资金周转困难而造成的采购难的境况。他们与供应商建立了良好的合作关系，最终在山东地区开辟出了良好局面。

8
多角度切入，降低采购成本

在山东分公司挂牌成立之前，山东片区各项目基本上是以区域经理部的形式在运行。大宗材料采购合同及会签工作都是以项目形式操作，物资集中采购受到机构不健全，职责不明确等因素的影响。随着分公司生产经营规模的扩展，降低采购成本成为工作主要内容，而制订切实可行的招标方案，是降低成本的重要手段。

为此，火会燎制定了完善的招投标规章，通过透明的方式保证了招标的公平，有效地降低了采购的成本。为了解最新的材料价格信息，以便指导和监督招投标工作的良性开展，火会燎通过定期上网，关注钢材市场价格的变动趋势，并通过合作伙伴和钢联，提前预见钢材市场的变动趋势，有的放矢地组织批量招标工作，取得了较好的经济效益。

虽然火会燎进行了大量的市场行情分析，但是市场毕竟是形势多变的，能否寻找到一个最佳切入点呢？经过考察，他决定以预测采购物资最佳时期为切入点。为此，他拟定了技术先行的优化配模方案，以技术经济为支撑来降低物资成本。

当时，烟台财富中心项目准备上马，火会燎带领物资等相关部门人员先后两次到北京、天津等实地考察调研，通过钢模与木模经济技术性价对比，最后在分公司的正确决策下，将拟定的剪力墙竖向模板施工形式，改成了整体大钢模的施工形式，极大简化了工艺流程、保证了结构砼的质量，有效地降低了物资的成本。

在山东昌邑风能发电项目中，为了确定使用哪一种搅拌砼用水泥，火会燎进行了项目配合比试配方案的调查，最后选择了价格相对较高的潍坊山水集团。虽然他们的水泥出厂价高一些，但是充分保证了海边砼施工的质量，工程完工后经过项目费用测算，其费用比其他水泥厂的价格还要低 12 万元左右。

编者手记

“没有调查就没有发言权。”火会燎牢记这句话，并用行动证明了“实践出真知”。他与同事多次的实地考察为山东分公司的成立铺平了道路，多角度切入市场进行调研，为分公司后续的发展打下了良好的基石。

9

劳动竞赛与党建工作两手抓

一项好的管理制度不仅能创造出巨大的经济效益，还能激发员工的工作热情，最大限度发挥出他们的聪明才智。自从补充制定了14类管理制度和奖惩措施后，员工们的工作积极性被极大地调动了起来。火会燎以此为契机，在全站展开了一系列的劳动竞赛活动。

在扣件保养竞赛活动中，火会燎通过激发员工创新技能等措施，使原来在单位时间内保养的扣件量由160个提升到180个，仅此一项每年就节省人工费用达72万元，在员工中引起很大的轰动。

在红红火火的劳动竞赛活动中，一些员工的创新发明的潜能得到了释放，他们研制出的一些小机械，在生产中发挥出了作用。多年的基层工作经验使他知道，员工中有不少能人，如果将这些具有发明潜质的人集中起来，研发能够增进工作效率的工具，就一定能够改变整个料具站的生产面貌。

火会燎发现在前任管理料具站期间，工人们曾有过许多发明，全站有着良好的发明创造氛围。因此，他加大了工人发明家的队伍建设，成立了数个由技术员、中老年职工等组成的发明小组。他们根据生产中的环节进行有针对性的攻关和改进，经过持续不断的努力，一批现场操作灵便并能够发挥出巨大效能的技术诞生了。这批技术投入生产后，立即发挥出了极大的作用，不仅大大提高了工作效率，节约了生产成本，有些发明还获得了国家专利。

料具站员工们的发明创新引起了总公司及一些兄弟公司的关注，他们专程赶来料具站学习取经。这些实用高效的操作技术也引起了一些媒体的关注，新华社和中国新闻社等中央媒体相继对此事进行了报道。其中钢管转运车就是一件获得国家专利，并深受工人们喜欢的发明。

在日常工作中，料具站的钢管运送量大，这些钢管不仅重而且长短不一，运输起来费时费力。针对这一情况，发明小组通过反复研究，研制了钢管转运车破解了这一难题。钢管转运车利用杠杆原理，将钢筋捆绑后放置于两个车轮之间的横梁上，并在钢管两端巧妙地设计了钢丝套索，便于吊装。整车构造简单、科学，操作方便，大大节省了人力和物力。后来，发明小组又对钢管转运车进行了技术升级，加宽了车身，调整了力矩。这一革新不但满足了不同尺寸的钢管转运需求，而且使运转效率提高了 3 倍多。

料具调直机也是工人们的一项重要发明。以前在钢筋调直操作中，需要两名工人用千斤顶进行操作，但无法确保钢筋的垂直度符合标准。同时操作过程复杂，每天只能将 30 根钢筋调直。为满足不同料具的加工需求，发明小组研发出了两种料具调直机，分别采用机械原理和液压原理制作，不但节省了人力，也保证了钢筋垂直度符合标准。现在两名工人每天能将100多根钢筋调直，工作效率大大提高。

同样，钢管包装架维修平台的发明，改变了以往人工操作模式，实现了机械化操作。矫正变形钢管过去用的是氧气烤和用大锤砸的传统方式，由于不便于固定，要维修多次才能修复一个钢管包装架，每人每天最多修复40个左右。采用新工具后，实现了机械化操作，每人每天可修复钢管包装架150个左右。这些小发明、小创造被成功转化为生产力后，料具站的工作效益有了大幅度提升。

火会燎知道，要调动全站员工的生产积极性，除制定完善的管理制度及奖惩制度外，还要营造出一种人人向榜样学习的氛围，让榜样的力量成为激励员工前进的动力和信心，这个榜样就是共产党员。

共产党员在火会燎的心中一直有着崇高的声望，当初离家打工时他就带了一本《共产党员》杂志。在他心中共产党就是一座思想的山，一个缥缈仙境中的圣地，一个他曾远远眺望并希望融入的梦想。如果说昔日火会燎对党的认识，还仅仅停留在理想般的幻想之中，那么如今的他则有了更深的认识和理解。共产党人应该是海燕，穿越于风浪之中给世人以坚定不屈的启迪；共产党人应该是无畏的战士，在国家最需要的时候冲在最前面。

作为一名老党员，火会燎明白带领大家不断突破思维，增强基层党组织的活力，是自己的职责所在。在总公司党组织的支持下，他开办了党建专题网页及栏目，分层次分系统创新党建载体，为党员学习交流提供了平台，还建立起了党员信息管理系统，对所有的党员信息统一录入，并根据党员流动情况及时更新，实现全动态的管理。

编者手记

一系列举措激活了全站的党建工作活力，有效地发挥了党组织战斗堡垒和党员先锋模范作用，将党的政治优势转化为了竞争优势，推动了料具站综合实力的不断提升。在公司的业务考核中，料具站多次名列前茅，并多次被公司评为先进单位。

10
引爆点式管理法

制定了科学完善的规章规度，还必须有严格高效的执行力，才能保证管理的效果，否则规章制度将可能变成一纸空文。一次，傍晚时分，料具站进了一批模板，按计划这批模板该当天登记入库，几个员工看天色已晚，想等到第二天再入库，火会燎发现后当即对他们进行了批评。

“这批材料又不急等着用，明天再整理也来得及呀，又不会影响生产的。”一名员工有些不服气地说。

员工的话让火会燎愣了一下。的确，这些材料等到明天再整理也不会误事，而且现在天色已晚，整理起来也有一定的难度。但是料具站制定的材料管理规则中，材料必须当天入库的条款就可能会失效，势必会对今后的材料管理造成混乱。

“好吧，先不管材料入库的事，我来给你们讲一个故事吧。”火会燎想了想，将这几个员工招集在一起说。

几个员工愣住了，不知道火会燎葫芦里卖的什么药。

火会燎望着员工们说：“在20世纪，纽约的脏乱差全球闻名，全市的环境不仅极为恶劣，而且犯罪活动猖獗，地铁的情况尤为严重，是罪恶的延伸地。当时有关部门统计，平均每7个逃票的人中就有一个通缉犯，每20个逃票的人中有一个携带武器者。1994年，新任警察局长布拉顿开始治理纽约。他从地铁的车厢开始治理：车厢干净了，站台跟着也变干净了，站台干净了，阶梯也随之整洁了，随后街道也干净了，然后旁边的街道也干净了，后来整个社区干净了，最后整个纽约变了样，变整洁漂亮了。现在纽约是全美国治理最出色的都市之一，这件事也被称为‘纽约引爆点’。”

几个员工不知所措，他们不清楚这个故事和材料入库之间有什么关系。火会燎接着说：“这个故事在心理学上叫破窗效应，也就是说，一个房子如果窗户破了，没有人去修补，隔不久，其他的窗户也会莫名其妙地被人打破；一面墙，如果出现一些涂鸦没有清洗掉，很快的，墙上就布满了乱七八糟，不堪入目的东西。一个很干净的地方，人会不好意思丢垃圾，但是一旦地上有垃圾出现之后，有人就会毫不犹疑地继续丢，丝毫不觉羞愧。这是一个很奇怪的现象，心理学家称其为‘引爆点’。”

员工们似乎有所领悟了。

火会燎继续说：“任何一件坏事，如果开始时没有阻拦掉，形成了风气，就再难改正了。就好像河堤上一个小缺口没有及时修补，就可以形成崩坝，造成千百万倍的损失。错误行为其实就是一种失序的结果。”

火会燎的一番话说得员工们心服口服，他们当即将场地上的模板进行登记入库。虽然员工们改正了错误，火会燎却陷入沉思之中。此次发生的事情说明，在工作中还存在着某些管理上的“漏洞”，如果任由这些“漏洞”无序蔓延，将有可能如“破窗效应”一样，影响到整个料具站的生产和管理。针对这种情况，他决心逐一找出工作中“漏洞”，并制定出一套完善的考核考评体系。

火会燎召开了一次员工务虚会，鼓励大家讨论管理上的“漏洞”问题，员工们积极踊跃发言，有的员工还针对管理上的一些弊端，提出自己尖锐的观点和看法。在这种各抒已见的自由发言中，工作中的管理“漏洞”一条条浮现了出来。火会燎认真记录着员工们反映出的问题，结合公司纪监室效能监察整理资料，在原有的 5 类料具管理制度基础上，新编和完善了 14 类补充管理制度，内容涵盖内外租料具进退场管理、物资运输管理、料具管理检查、料具供方考核评价等料具生产各归口业务的管理制度。

编者手记

为了确保14类管理制度切实起到指导、规范料具生产各项工作流程的作用，在公司纪监室的指导下，火会燎带领相关人员对修订的内容进行了反复斟酌，前后易稿达十余次之多，使其更加成熟和科学，成为日后管理的重要依据。

11
当好企业主人，自主管理创新

建筑料具的收发管理涉及到公司的众多工程，工作内容可谓千头万绪，纷繁而复杂，这就要求员工不仅要有严谨的工作作风，还要有一手过硬的专业技能。已有多年管理经验的火会燎明白，要想一个企业立于不败之地，就必须紧紧依靠广大职工，让职工时刻感到自己是企业的主人，从而使他们自觉地运用聪明才智，为企业的发展献计献策，企业的规章制度也能得到有效的执行。这是企业管理的“法宝”。

火会燎的工作不仅得到朋石兵站长的大力协助，还得到了时任总承包公司总经理陈保勋的全力支持，他开始了一系列大刀阔斧的改革。他召开了员工务虚会，根据以往的工作经验，

决定从员工中寻找管理智慧，为规划和完善料具的管理寻找科学合理的依据。

火会燎拟定了料具站的愿景规划及发展目标、业务的发展模式及职能部门的责权划分、业务的内部管控措施、料具站技术创新管理方面的举措与建议、机构设置及人员调整安排等几项主题，交给大家讨论。

当火会燎说完探讨的主题后，一些员工不禁笑了起来。在他们看来，这些问题都属于领导们考虑的事情，自己只是一个小员工，没有“资格”去思考这些重大的问题。

听着一些员工的议论，火会燎的表情严肃起来：“在中建三局每个人都同等重要，我们没有地位和尊严的不同，只有工作责任划分的不同。过去我们说国家兴亡，匹夫有责，现在我们要把这一句话改成‘料具站兴亡，匹夫有责’。公司就像一个大家庭，我们都是这个家中的主人，都要为这个家出谋划策，让这个家变得兴旺发达起来。所以，从现在开始，我们每个人都要将自己当成料具站的经营者和管理者，谈谈如何经营和管理好料具站。”

火会燎的话让员工感到激动和兴奋。虽然以前也听领导说过员工是企业主人之类的话，但大多流于口头，没想到现在竟然让员工“真刀真枪”地参与料具站的发展讨论，员工的积极性很快就被激发起来。

围绕料具站的发展话题，员工们的建议很快被收集上来：从料具站的长远发展来看，场地的问题已成为制约料具站发展的痼疾，建议增设汉口新料场，既节约过江运输成本，又缓解现有场地压力。在创新创效方面，部分员工建议试点料具承包模式，以求稳为前提，累积经验后再试行推广；还有的员工则根据现有的生产发展现状，建议将加工车间转变为加工制造部，强化生产职能；而一些经常与一线工作打交道的员工则建议将现有部门的传统手工账改为电子账，在检尺记账方面，采用声控模式，确保数据传递的及时准确性，也便于记账员核对账目……

看着员工们提出的一条条建议，火会燎喜出望外：料具站只有在做足了管理“内功”，才能全面地推动“创先争优”活动的进行。他想起了《咱们工人有力量》这首歌，历史的经验说明，只要充分地尊重员工，给他们表达意愿和思想的机会和平台，员工们就能够释放出无穷的智慧和伟大力量。

这次务虚会使火会燎看清了工作中存在的难点，厘清了料具站下一步的发展思路，更重要地是统一了员工的思想，增强了发展的凝聚力和战斗力。

在不断调研并综合员工建议的基础上，火会燎以料具租赁业务的关键点和创新点为主题，对原有的部分归口业务的管理流程进行了重新梳理，形成了《料具站物资设备采购管理流程》《钢筋加工管理办法》《料具站成本资料报送规定》《料具站物资进出门管理规定》《料具报表管理办法》等五大类业务系统的管理制度，分别对采购适用范围、钢筋加工业务部门的权限和职责、料具站成本核算传递流程、料具管理职责范围、料具报表统一管理等方面，做了详细而完善规定，为料具站的快速发展起到了重大的推进作用。

编者手记

火会燎把企业当成自己的家，把企业的利益当成自己的切身利益，把自己本职工作看做是最神圣的天职，他用激情与创新与高质量地完成每一项工作，也带动了员工的积极性，更为企业的发展做出了一份贡献。

四、亲情与奉献

“亲人啊亲人，我是那天上的风筝，你们就是那地上的线，不论我飞多远心永远在你们手中。”

1
辞别父母闯世界

高考落榜后，火会燎有了外出“闯一番世界，实现自己理想”的想法，遭到了父母的强烈反对。虽然父母都是面朝黄土背朝天的农民，但是他们深知上大学的重要性，在经济落后的大西北，读大学几乎成了“一步登天”的代名词。

一向孝顺的火会燎，这一次拒绝了父母让他复读的要求。此时他的心早已经飞向了外面广阔的世界，美好的人生似乎在向他招手。就在半年前，火会燎的堂哥和几个村里人去武汉打工了，这件事对火会燎触动很大。

面对广阔多彩的世界，年轻的自己何不去成就一番事业呢？火会燎决定悄悄出走。

几天后的一个清晨，火会燎拎着行李和一箱书出了家门。当他走到村头的大杨树下时，不禁惊异地止住了脚步。母亲竟然早已在树下等着他了，晨风吹乱了母亲头上的头发，有几缕白发随风飞舞着。

母亲的表情异常平静，似乎早在她的预料之中。

知子莫若母。几天前，母亲就看出火会燎要离家的念头，虽然她也劝儿子去复读，以便将来考上大学，但是由于儿子的执拗，她也只能默许。在一个母亲的心中，儿子有没有成就并不重要，重要的是儿子在外能够平平安安地生活，开开心心地过日子。

“一人在外面要好好的，过不好就回来，不要撑着。”母亲一边说着，一边塞给火会燎一个布包。

火会燎打开布包一看，里面是10多个鸡蛋和50多元钱。他低着头不敢看母亲的眼睛，向母亲深深地鞠了一躬，掉头往村外疾走。村头的强劲晨风卷起阵阵风沙，火会燎不知是风沙入眼的缘故，还是难以按捺住强烈的情感，泪水湿润了他的脸。

他不敢看母亲顶着风疾走，只是心里不停地对自己说：“火会燎呀！人生的道路是你自己选择的，前方就是再苦再累，你也得走下去……”

编者手记

走过一段艰涩的打工之路，火会燎备尝生活的艰辛。然而不管环境多么恶劣，他都没有放弃实现梦想、改变命运的追求。

2

带着家人的希望起航

1995 年，经过严格的考核与选拔，火会燎就被中建三局录取为合同工。当得知自己被录取的消息时，他激动地掉下了男儿泪。

火会燎第一时间跑回家将好消息告诉了身怀六甲的妻子，温柔的妻子一如既往地全力支持着火会燎的每一个选择。因为她知道，火会燎如海燕般，为了心中的理想将不断追寻与前行。

在妻子的支持下，火会燎与一同被录取的 42 名年轻人一道，坐上了南下前往中建三局的火车，踏上了梦想的征途。

如果说第一次离家是追寻梦想，那么这次的离家该是梦想起航的时候。然而，这一次离家与第一次的心境是截然不同的。在父母的心中儿子这一次是考上的，通过了考试录取的工作意味着从此有了一份稳定的工作，也意味着今后的温饱有了保证。父母的想法虽有些“传统”，但父母写在脸上的喜悦对于他来说则是一副心灵的熨帖膏。

人群中孕妻显得很安静，站在一旁看着火会燎与父母热聊着，偶尔用眼神与火会燎进行交流。临开车了，火会燎挥手与父母及妻子道别，这时妻子忽然快步走上前说道：“你有一件事没有兑现承诺。”“啊？什么事？”火会燎愣住了。“你不是说过我们要自己挖一口窑洞住，我真希望住在我们挖的窑洞里。”妻子含着泪说道。

火会燎呆呆地望着妻子及微微隆起的肚子，眼眶渐渐红了起来。“没事的……和你说着玩的。你放心去工作，家里有我。”妻子强忍着泪水微笑着朝他摆摆手。

车开动了，火会燎与家人依依挥别，不舍的心情与对未来的向往让他陷入了沉思。

他想起了一首流传很广的诗《天上的风筝》：

我的爱就像放飞的风筝
不管追求怎样的自由
你始终牵住线的那一头
长久长久的守候
解不开加在我心头的魔咒
我只想抓住你的手，我和你携手同游
多日不见我已日见消瘦
我多想再靠在你床头，喝你煮给我的小米粥
找不到离开你的理由
我祈祷得到爱神的庇佑
希望能够享受你独一无二的温柔
不管黑天白昼，不管相信与否
我都一直陪在你左右

强烈的情感涌上心头，火会燎在心里轻轻呼唤着："亲人啊亲人，我是那天上的风筝，你们就是那地上的线，不论我飞多远心永远在你们手中。

1996年底，在工地忙碌的混凝土浇筑声中，火会燎接到了母亲从西北老家传来的好消息，女儿降生了，他当父亲了！

女儿取名叫婵娟，这是火会燎曾与妻子商量好的。"婵娟是美好的意思，象征着圣洁的月光，虽然我生产的时候你可能不在身边，但是月光可以照到我，也可以照到你，就好像你在我的身边一样。"妻子浪漫地说。

火会燎清楚这是妻子在安慰自己，取名婵娟，寓意着千里共婵娟之意，这是妻子想要全家团聚的心愿。火会燎暗自下决心，一定要努力工作，尽快让家人团聚。

编者手记

为了尽快实现家人团聚的愿望，火会燎拼命地工作。终于在两年后，火会燎将妻女接到了武汉团聚，实现了埋藏已久的心愿。有了女儿的火会燎，感受到了来自小家庭的责任。他肩头的担子更加沉重了，家庭和事业成了他生命中必不可少的内容。他渴望用自己所学的知识、积累的经验，去为家庭和事业承担起更大的责任。

3

亲情与工作的取舍

火会燎一心扑在工作上，他充分利用周末时间对工地上的建筑材料及施工器材进行清点。向来温和的妻子这一次却和他起了“冲突”。

自从妻儿也来到武汉后，火会燎工作也充满了活力。工地与他们新布置的小家相隔不远，但是火会燎却整天待在工地上，只有周末才与妻女相聚。如今，火会燎连周末的时间也投入到工作中，妻子有些不乐意了。

“周末了，别人都可以休息，你为什么就不能休息一天?”妻子不解地问。

“别人工作干完了可以休息，但是我不能呀，我的工作还没做完呀?”

“你的工作没完成? 怎么会呢，你整天待在工地上没有完成工作任务?”火会燎的话让妻子大惑不解。

“工地上材料的统计还没有完成，再说材料管理制度还在制订……还有……”火会燎专注地细数各项工作。

这一次，妻子沉默了。

她了解火会燎誓不罢休的执着，那是他要承担的责任。

“好吧，我说不过你，但是你还是要多抽空陪陪我和女儿……”妻子有些感动了。

得到妻子的理解，火会燎的心中长长松了一口气。

他开始一门心思投入到材料的清点工作中，半个月后一份最新的建筑材料数据统计表出来了。根据掌握的实际情况，他对施工现场的材料堆场进行了重新的设置，避免和减少了因二次搬运带来的材料损耗。同时，他对材料进场的验收与领料等制度进行了改革，制订出了一套节约高效的材料周转体系。一系列的技术变革措施提高了工程的质量、降低了材料损耗并节约了工程成本。

一年后，水利水电大学工程项目完工，整个工程没有发生一起因材料劣质引发的事，施工进场材料检验合格率达百分之百。1998年，这一项目被武汉市政府评为“双百分文明工地”，随后又在国家有关部门检测后被评为国优奖。当消息出来后职工们欢欣鼓舞，火会燎也感到热血沸腾。他知道在这一系列荣誉的背后，浸透了多少自己与工地职工的心血与奉献。

编者手记

工作上取得的成绩让他欣慰。然而，对家庭的疏忽却让他深深地愧疚。小家虽已团聚，但由于工作上的忙碌使他极少有时间在家中陪伴妻子。面对妻子的指责，火会燎也只是抱以惭愧的一笑。

4
对女儿的愧疚

一天，火会燎从外地出差回到家，忽然发现女儿似乎长高了不少。火会燎抱起女儿，怜爱又自责地说，“都是爸爸不好，没有时间在家陪着你。这样，爸爸明天送你上学，好不好?”

“好啊好啊，明天爸爸送我上学!”女儿高兴地直拍手。

火会燎心里却是一阵歉意，时光如流水，昔日的小娃娃如今成为了一名小学生。

次日一早，火会燎兑现了他给女儿许下的诺言。天不作美，一早便下起了瓢泼大雨。

火会燎在女儿的带领下，穿越了许多小巷后终于来到了女儿的学校——“洪山育苗小学”。

火会燎的心里一沉，出现在他眼前的是一片由农民的简易房改造成的学校，一长溜黑砖屋屋檐低矮门框歪斜，墙体斑驳不堪，犹如烟熏过的洇出一道道黑色烟垢。学校与周边的高大建筑极不协调。

带着沉重的心情，火会燎走进教室。教室里黑板用简易木板油漆后悬挂在一角，教室内的墙面上已是千疮百孔，一面曾经涂过白色油漆的墙面已随斑驳凸显的墙体不断脱落，部分屋顶已无法阻挡风雨的侵袭，大片的雨水掺杂着杂物顺势而下，许多孩子只好将桌椅挪动到干净的地方。

屋外的雨越下越大，劈劈啪啪的雨点声很响地敲击着屋瓦，教室地上霎时变成了小河，形成了纵横交叉的几道“河流”。由于雨太大，教室里还有部分孩子未到齐。而早到的孩子则在屋内追逐嬉闹着。

火会燎的心情低落到了极点，如此简陋的教学条件，甚至不如自己曾经读过的西北农村小学。

“爸爸，我们要上课了，你该回家了。”女儿望着若有所思的火会燎，递给他一把雨伞提醒道。火会燎茫然推开女儿拿雨伞的手，自顾自地走出了教室。

一路上他任凭雨水浇灌。雨水不仅淋湿了火会燎的衣衫，同时也淋湿了他伤感的心，

他要让雨水将自己彻底淋透，让自己彻底地淋醒。

编者手记

多年来为了事业和人生目标，他付出了许多，而他的家人也同样付出了太多。在亲情和事业之间，他往往偏重于后者，而少了对家人的眷顾。强烈的内疚感像一把刀子扎着他的心，让他感受到一种深入骨髓的痛。

5
家的支撑

对待工作上的每一道指令，火会燎都严格执行。2005 年的一纸调令，火会燎欣然领命前往山东。此时他的心中虽然充满了激情，但仍感到一丝不安。

尽管经过多年的奋斗，一家人终于实现了团聚。但十多年来，他与妻女总是聚少离多。团聚的欢乐仿佛还在昨日，如今却又将面临着再次的别离。多年来自己一直忙于工作，没有对家庭尽到多少责任和义务，他一直在内心告诉自己要弥补妻女的感情债，却一次次落空。

妻子知道在火会燎的心中事业和家庭具有同等的分量，因为在他写的所有文章中，家是出现最多的词语。他将自己对家庭的爱整个装进了灵魂里，去静静酿造着世上最香的美酒。

出征的前一天，妻子一大早就忙碌开了，她要为火会燎的远行准备一桌丰盛的酒菜。虽然生活中的他们经历了多次的别离，妻子也已经习以为常了，然而这一次的别离意义似乎有所不同。此次火会燎作为主要骨干远赴山东组建分公司，开拓的不仅是一个完全陌生的市场，他们还要面临一切从零开始的打拼历程。

看着渐渐长大的女儿，火会燎心里犹如抹了蜜一般甜。他举起酒杯故意问道：“明天爸爸又要去远征喽，有什么礼物送爸爸的，都尽快献上来呀。”

“爸爸，你欠我们多的去了！”女儿忽然不假思索地说。

屋内热闹的气氛瞬间凝住了，火会燎脑海里倏时一片空白，妻子握筷子的手一下子待在半空，随即用哀怨的眼神瞪了女儿一眼。

“嗨嗨，开个玩笑别当真哦！”这时，女儿意识到自己说错了话，于是赶紧补了一句。

火会燎却没有再说话，他燃起一支烟陷入了深思中。女儿的话如袅袅升起的烟雾一般，逐渐打开了火会燎尘封多年的记忆，一段段往事如影像般在他脑海回放：

妻子是江南水乡的一名小学教员，放弃了优越工作随他来到贫瘠的西北老家，而他却将妻子留在了老家，自己随中建三局建筑大军辗转全国；妻子在老家的土炕上痛苦地生着女儿的时候，自己也没时间赶回来照顾；女儿上小学一年多，自己却还不知道学校在何方……

生活的一幕幕情景，清晰地在火会燎眼前一一掠过。他知道自己欠家人的“确实是多了去了”。一股难以抑制的剧烈情感冲击着他，他走出屋外深深吸了一口气，思绪仍然继续着。

编者手记

多少年来，家的支撑让火会燎从千万名普通的进城务工青年中脱颖而出；家的支撑让他忘我地工作，全身心投入；家的支撑让他在每一次累倒的时候有一个温暖的港湾……

6
他的“情人”

前往山东组建分公司的一年多里，火会燎深深思念着远在武汉的妻女。为了解对妻女的无限思念，也为了实现当初带妻女来看海的诺言，火会燎托朋友将她们带到了青岛。

当女儿第一次见到大海时，不禁惊喜地叫着冲到海边一边嬉戏，一边喊：“大海！我看见大海了！”

火会燎望了望妻子，只见妻子独自站在海边，向远处久久凝眸……妻子的性格稳重而不外露，思想深邃而温顺恭良。妻子在想什么？也许是想起了与自己一起走过的风风雨雨；或是看见了大海唤起了心中曾有的激情；或是想象着两人白头时相扶海边的情景……

当天晚上，几位同事宴请火会燎妻女一行。同事们暗中约好开一开火会燎的“玩笑”，于是几个人席间演了一出“双簧”，一唱一和逗乐说着火会燎怎么不带着上次某位漂亮的“女朋友”。火会燎的妻子听完后一脸微笑。火会燎只得摇着头笑了笑，知夫莫若妻，妻子是最了解自己的人。

“我早知道他在外有‘情人’，而且我还知道她的名字。”忽然妻子一本正经地说道。

同事们一下愕然了，火会燎也吃惊地扭过头望着妻子，不知她为何忽然说出如此离奇的话。

“她的名字，叫——‘总——包’”妻子故意卖着关子，缓慢拖着长音一句一顿说。

席间热闹的气氛戛然而止，包厢中平添了些许沉闷。有的同事眼圈红了，有人则起身往屋外走去。

“你们这些男子汉怎么呢？怎么也变得婆婆妈妈起来了？”妻子为缓和气氛说道。

火会燎知道，妻子的这句话勾起了几位同事感同身受的心事……

火会燎无从得知自己究竟欠家人的有多少，但此刻他的内心却被装得满满的。

编者手记

无情未必真豪杰，怜子如何不丈夫？火会燎同样深爱自己的家庭，爱自己的妻子，只是为了这份沉甸甸的责任，他把这份爱，深深地藏在了心底。

7
共产党员的责任

虽然在火会燎的心中，对于共产党的描述有千万种，但总结起来就只有一条：人民的领头羊和前进路上的航标灯。一个党员必须时时以身作则，处处起到榜样的作用，否则就不配共产党的称号。

2011 年 12 月 1 日下午，在武汉市雄楚大街的建设银行前，一名歹徒在银行门口引爆了一枚炸弹，造成了多名过路群众死伤，爆炸案也在周边的群众中造成了极大的恐慌。

火会燎的女儿学校就在爆炸现场旁，案件发生后女儿惊慌失措地给他打了一个“求救”电话，请他将自己救出来。接到电话后火会燎犹豫了，当天轮到他在料具站值班，将有一批重要的材料要进场，随后还有几批材料要转运到别的工程项目中去。

“爸爸，你快来吧，接我回家，学生家长都来了，我一个人怕。”女儿的声音有些颤抖。

“不要怕，一会儿警察叔叔就到了，他们会保护你们的。”火会燎安慰道。

"不，爸爸我怕！现在同学们都很慌，他们都打电话给家长，要家长来救我们。"女儿继续哀求着。

火会燎狠心地挂掉了电话。他知道女儿是不会有事的，歹徒的目标是冲着银行，不可能冲进校园，而且案发后一定有大批的警察赶到现场，女儿是不会有事的。只是这样狠心挂掉女儿的电话，在她的心中自己可能又要留下"不负责的记录"。

晚上火会燎忐忑不安地回到家，准备接受女儿的"批评"。没想到女儿像往常一样，一边做着作业一边唱着歌，见他回来还大度地调皮一笑。

这一笑让火会燎心里反倒没有了底，他故意问："爸爸今天没有去救你，你不生爸爸的气？"

女儿头也不抬着做着作业说："没事的，警察都去了，老师也都和我们在一起，安全着呢。妈妈说了，爸爸是一名党员，关键时候不能离开岗位，否则就不是共产党员了。"

火会燎的心暖暖的。正是因为有家人的理解，才能使火会燎能够全身心地投入工作之中，不断创造出佳绩。

编者手记

虽然火会燎对家人照顾的少，但是妻儿心目中他却有着极重的分量。如果说火会燎是她们生命中的一座山，那么她们就是这座山上的树，山和树永远也不会分离。

8
“当你老了”

2012年5月的一天，火会燎在料具站里指挥堆放新进的一批钢模。就在这时，他忽然感觉到腹部一阵阵的疼痛。为了不影响现场的工作，他回到办公室喝了点水，准备休息一会儿再工作，没想到腹部的疼痛不仅没有减轻，反而越来越剧烈。

同事们看见火会燎脸色煞白，赶忙将他送到附近的医院。经过拍片检查，医生在他的肠道上发现了两个黑色的阴影。他的病情让妻子的心一下子悬在了半空。那天，一向沉稳的妻子表现得异常慌乱，抓住他的手就不愿放松，未说话眼泪就先流了出来。看着妻子慌乱的表情，火会燎心如刀割一般得难受，自己一直想给妻子一个安稳而幸福的生活，没想却一直让她处在颠沛流离和担心的生活之中。

不久，病情诊断结果出来了，肠道上长的只是两个良性息肉，这时妻子的心才稍稍平静了一些。几天后，火会燎进行了割除息肉的手术，妻子日夜伴在病床前不愿离去。

一天深夜，火会燎忽然从梦中醒来，只见妻子伏床头而睡，憔悴的脸上留下了道道细细的皱纹。

火会燎理解妻子的心情，虽说肠道上长息肉并不算严重的病，但是如果没有及时发现或是处理不及时，都有可能小病酿出大问题。他想起妻子曾经说过的玩笑话："我们两人一起许一个愿。"

"许什么愿?"火会燎笑着说。

"就许我们两人一起白头偕老，到了那时我们一起手牵着手去海边看夕阳，吹海风的愿吧"妻子沉浸在浪漫之中。

"好好好，我们许一个白头发的愿，可我们现在头发可还黑着呢。"火会燎故意逗她。

"什么白发黑发的，让你许愿就许愿。"妻子生气地瞪了他一眼，情绪忽然又变得低落了，"我们要一起长出白头发，一起去看海，谁也不许提前开溜……"妻子的眼中噙着泪花。

当时的火会燎是以玩笑的心态去理解妻子的这句话，但是当自己躺在病床上时，他觉得鼻子一阵阵地发酸。那时，他们都还是热血青年，他们就一起规划着美好的人生蓝图，那时他们青春浪漫，似乎还有点不食人间烟火。

但是，当真正的生活现实地摆在他们面前时，妻子用自己柔弱的肩膀担起了曾经不可想象的磨难与辛劳。而自己则沿着规划的人生蓝图，一路努力地前行。为了支持自己，妻子放弃了曾经的梦想。

他将目光投向了窗外。他想起了自己曾经非常喜欢的爱尔兰文艺复兴运动领袖，著名诗人威廉·巴特勒·叶芝的一首诗《当你老了》，诗中写道：

当你老了，头发白了，睡思昏沉

炉火旁打盹，请取下这部诗歌
慢慢读，回想你过去眼神的柔和
回想它们昔日浓重的阴影
多少人爱你青春欢畅的时辰
爱慕你的美丽，假意和真心
只有一个人爱你朝圣者的灵魂
爱你衰老了的脸上痛苦的皱纹
垂下头来，在红火闪耀的炉子旁
凄然地轻轻诉说那爱情的消逝
在头顶上的山上它缓缓地踱着步子
在一群星星中间隐藏着脸庞

这时，妻子醒来看见火会燎目光呆呆地望着窗外，怔了一下：“你怎么了？”

火会燎赶紧收回目光。

看着妻子仍然疑惑不解的目光，他笑着说：“我给你背一首诗吧！”

“背诗？”妻子有些不解，随即忽然又笑了起来：“好呀，背诗可以让病好的快一些，你就背吧。”

“这首诗的名字叫《当你老了》。”

妻子似乎明白了什么，她静静地依在火会燎身旁，看着他念着诗。火会燎念完诗后，她也只是轻声说了句：“这首诗名应该改一下，应该叫《当我们老了》。”火会燎笑了，

一直以来，火会燎都对自己的身体充满了信心，这一次的病痛带给他极大的触动，也使他有了时间开始反思人生。回顾

曾经走过的路，不禁感慨万千，尤其是对家庭对妻女的歉疚，让他久久不能平静。

编者手记

然而，术后恢复健康的火会燎又在第一时间出现在工作岗位上。他说："自己是一名共产党员，是中建三局的一分子，面对这样一个'大家'，有太多的责任在肩上。"

火会燎正是以他追求理想、不言放弃的进取精神，实现了人生最初的愿望。来自个人坚定的追求与家庭无私的支持，使他交上了一份让自己与企业都满意的答卷。

五 附 录

清瘦的五月

人到无求品自高

沙，河流与人生

浅谈企业文化

1

清瘦的五月

五月，是劳动者的日子。

五月，是青年人的日子。

五月以汗水洗礼，以热血铸就。

五月是顽强，勇敢，不辍进取的季节，是勤劳的燕子衔片片春泥构筑自己理想家园的日子，是稚嫩的小草竞相茁壮洋溢生命的日子，是磨炼人的最高学府。

五月最大的资本是辛劳，最大的财富是年轻。五月里，没有喧嚣，只有沉静，没有哗众取宠，只有埋头苦干。

五月是一年中最为质朴，也最为劳作的月份，它把隽永的抒情牵挂在清瘦的枝头，让风儿去传递，它把浓烈的诗意倾泻在丰厚的大地，让雨水去浇灌。

五月是一种境界，宁静，淡泊，含而不露。它饱含着春的华美憧憬，酝酿着夏的热情奔放，期待着秋的硕果累累。

朋友，当你失败的阴影依然在一片废墟上彷徨，徘徊时；当你爱的心舟被暴风雨掀翻而沉入海底时；当你孤独无助寂寞落魄青春的脚步被雾霭所禁锢，困扰时……不妨请用五月的心境去重新编制梦幻，用五月的双手去调整风帆，去感受五月阳光的润泽。

尽管相比一年四季，五月是清瘦了些，但此刻，我们必须牢牢守住这个季节。

2
人到无求品自高

人到无求品自高，是清代文学家纪晓岚的先师陈伯崖撰写的一副联书，原文是：“事能知足心常泰，人到无求品自高”。

这里说的“无求”，应该是劝诫人们要舍弃满脑子的功利与浮躁，不为外物所羁绊，不为浮云遮双眼，从而获得一种超然物外的自在与宁静。

这里的“无求”，不是人生的不思进取和漫不经心，也不是心灰意冷和无所事事，更不是一筹莫展和难掩烦闷的消极态度和庸人哲学，而是劝诫人们要摆脱功名利禄的羁绊和困扰，凡事不必强求，有所不求才能有所追求。“求”，是人生品格的体现，但为事在人，淡泊的人生虽然说没有轰轰烈烈扬名内外，也没有显赫的地位，确是渴望而难及的一种境界。

有道是：取舍之间，无欲则刚，有容乃大。红尘浊世中，我们都是凡夫俗子，有七情六欲，有理想与追求，总是渴望成功的脚步离我们能近一些，面对尘世间的得与失、名与利、爱与恨，还得看各自的性情。曾经年少轻狂时，自以为“天生我才必有用”，不顾家人的阻拦和劝告，独自踏上自以为是步履艰难的理想之路，也曾豪言壮语“一肩担尽古今愁，双脚走遍天下路”，结果却踩踏出一条曲折的人生弯路……待到入世之初方才明了自身的渺小。人生旅途有时可遇不可求，既有险滩激流，又有港湾浪花；既有大漠孤烟直，长河落日圆时孤寂的戈壁沙漠，又有云卷云舒，雨过天晴时的葱葱绿洲。一个人驻足于强悍的风中毕竟单薄了许多，在人生的站口，有些东西已经失去，不妨就坦然面对，大可不必为难自己，以免错过下一站的景致。“命里有时终须有，命里无时莫强求”，到底这一生会经历什么，恐怕谁都难以预料，我辈只能在摸索中前行，现实会让我们慢慢明白：生活其实是一门高深的学问，如果悟性可以让我们明白一二，那就是一种幸运。

无欲，这里的“欲”有可能指的是一种贪欲。人活在现实中，其实就是生活在一种需要当中，每天的衣食住行，是最基本的需要，也是必须付出辛劳才能去收获的成果。人同时也是一种感情动物，七情六欲需求各有不同。有人喜欢奢靡的生活，喜欢活在当下的荣耀之中，这种需要本也无可厚非，只要手段正当，取之有道，由此而努力往往可以实现人生的某种价值，从而推动社会的发展。有人喜欢安逸舒适的生活，三餐温饱，一宿安寝，活得是一种心安理得，量入为出，少了一份竞争之心，不求有功但求无过。其实这种生活态度也有它积极的一面，至少可以营造出一种安静祥和的社会氛围。理想有高有低，追求有远有近，最重要的应该是要活出自身的精彩。停止抱怨，学会负责；坦荡胸襟，不卑不亢；不贪欲不强求，凡事顺其自然。

有容，指的是一种胸襟，一种可以包容一切的坦荡。与人相处，难免些许磕碰纠结，每个人的思想都是相对独立的，素质也有高有低，争执难免。有时候，宽容了别人的过失，也是宽容了自己的计较。计较太多的人，不会有太多快乐。如果学会用宽容对待一切，你就会明白，人生其实有很多相处的快乐，更可以让自己心怀坦荡，轻松生活。

做人，于名于利，不刻意追求；为官，于己于人，不媚上欺下，如此，便活得清爽。诚然，对名利的期望，是我们每个人与生俱来的心理需求，每个人都期望有一个远大的前程，期望有一种美好的生活，期望被社会承认，被他人欣赏。这是人之常情，也是我们来到这个世界必须努力的方向。名和利，是一把双刃剑，是一种荣耀也是一种诱惑，对于 70 年代又从小扎根农村的我们而言，从小接受的教育就是为了将来有一天能出人头地、光宗耀祖。我们一生的坚持，除了要实现自身的价值之外，最终需要社会的承认和接纳。能够把自己的聪明才智发挥到极限的人，是幸运的；可如果能够坦荡生活、心灵沉淀、和谐涉世、上善若水又何尝不是一种追求？

世事我曾抗争，成败不必在我，是需要努力争取，却没有必要沉迷。名利虽然是一种荣耀，但更多时候也是一种陷阱。在追名逐利的行程中，一路急进时，往往忽略了心中真实的感受，被眼前利益所惑，沉迷其中时，理智就主宰不了迷乱的思维，结果让心灵疲惫不堪，而幸福已经离我们很远。鲜花和掌声固然重要，但绿地和宁静才是我们长期生存的心灵土壤。能够淡然地对待生活中的一切诱惑，是一种超然，也是一种真正的洒脱。低调做人，高调做事，“以出世的心态做入世的事情”是我十几年职业生涯用以激励自己的座右铭。“毕生追求但不奢求”是我诠释自我的人生态度。

人到无求品自高，无求，是一个人的智慧到了可以看淡一切的境界，“得失随缘，心无增减”。得到时，不会欣喜忘形，失去时，不会痛苦绝望；富贵时，淡然处之；贫穷时，修身养性。这是一种无惧无畏的坦荡，也是一种恬静淡然的处世。人世间，有许多的迷茫，诱惑着我们还不够坚定的心智，能够做到无求的境界，需要一种智慧和一份超然的胸怀。我们的平凡让我们很难真正超脱，唯有慢慢读懂我们自身需求，给内心留一片天地和虚空，让宁静和淡泊慢慢去渗透。

3

沙，河流与人生

有一条年少的河流，源于高原深处的一座山谷，他桀骜不驯、毫无拘束踩踏着青春的鼓点跨越了大山、村庄、平原，途径戈壁沙漠。河流遇到了他旅途中的第一个障碍，当水流溢入沙丘时，水就被包裹着，一点点吞噬着，慢慢地吸收着，水流感觉到了从来没有过的困惑和无助，失去了往日那份激情和动力。他举步维艰地挣扎于茫茫无垠的戈壁沙滩，终日迷茫彷徨徘徊。

在河流即将陷入沙土无法自拔无法超越面前的旅途低谷时，来自沙漠深处的一个声音在说：“你可以借助风的力量去穿越，因为风儿会飞，她会带你去你想要去的地方”。

河流心想，我才不相信风呢，风算什么？整日摇摆不定，一味地飘来飘去，自身都居无定所。而我的性格决定我此生的命运，我不愿意被别人左右，否则就迷失了自我，从此失去了前行的动力和方向。

面对戈壁沙漠，河流几经周折，经过千百次的冲击，最终精疲力竭，依然无法跨越和突破。显然，河流的处境已出现了前所未有的危机，摆在他面前的不外乎有两种境况，要么消失得无影无踪，要么充其量就只是一块沼泽，每当他想到消失和将要沦为沼泽时，一度陷入了苦闷和恐慌。

正当他走投无路陷入旅途的绝境时，风儿来到身旁，满怀深情地说，“让我来帮帮你。”河流静下心来想，“我何不相信她一次，仅一次，或许会有不同的境遇改变目前的状况！”他努力回想着他不久前的状态，他试着把自己升了起来，如此一来，风儿欢快地携起他的手腾空。不久就穿越了面前的沙漠，来到了一座山林，轻轻地落了下去。

年轻的河流汇集了临近的所有小溪，结伴而行形成了新的江河，突破了他旅途中最大的障碍，比先前具有更强的冲击力和气势。是的，此刻的他已具备流入大海的资本了。

4
浅谈企业文化

环境造就企业文化，从而也影响着企业的文化和观念。武汉精神是“敢为人先，追求卓越”，这与三局的争先文化理念不谋而合。中建三局的企业精神是“敢为天下先，永远争第一”，也是三局文化核心理念，更是我们三局人的核心价值观。

首先，文化是一种价值观。

企业文化不是简单的一个目标、一种口号，也不是一个希望，它应该是一种人文价值观，并且融入到我们企业每个员工的思想和行为中，也就是要得到我们大家的认同。只有得到认同，才能体现在我们日常的工作和生活中。比如三局的主题理念：创新是争先之魂，先人一步引领行业；发展是争先之要，好中求快，科学发展；诚信是争先之基，立诚守信，有诺必践；和谐是争先之帆，同舟共济，和合生赢。支撑理念是：荣耀是争先之首，品味经营、品牌营销；管理是争先之核，精细管理、规范运作；执行理念是：练过程精品创一流业绩，造满意工程铸当代鲁班。用人理念是：凭德才，重经历，看业绩，听公论等。这些都是我们企业在各个领域、各个系统的价值观。

其次，企业文化是一种判断标准。

求职对于许多人而言都有着不同的选择目标，有的是为了高薪，有的只为了有更大的发展空间，有的是为了实现自己的梦想。但近几年来选择职业的格局变化较大，企业文化已经成为求职者选择公司的一个重要标准。如富士康工资虽高，但员工接二连三地跳楼，这就反映出企业内部的问题。因此企业文化的环境、未来的发展目标以及企业远景和战略显得越来越重要，更多的员工注重和筹划地是个人在公司的职业生涯和规划。

再次，企业文化也是一种感觉。

文化是一种感觉，是别人所能感受到的。这源之于不同的企业文化的塑造和熏陶，也就是每个员工日常的思想、行为举止的体现。企业文化从某种意义上就是企业的个性、性格。性格决定命运，企业文化是企业从自己特有的产业或产品的实际中概括提炼出来的，既有共性体现，也有鲜明的个性。它具有生命力、凝聚力和感受力，是存在于每个员工的意识形态中的。

企业文化的核心，也体现了企业主要领导人的文化理念。松下幸之助说过："创业初期我走在前头，发展阶段我站在中间，而发展后期，我站在后面。"可见他在企业发展中的三个关键时期、三个阶段扮演了不同角色，从初期凡事亲力亲为的"人手"，到站在中间抓组织抓管理的"人才"，再到站在后台讲理念做文化的“人物”，不同时期进行着不同角色的转变。

那么，如何进一步抓好企业文化建设，使公司步入良性发展的快车道甚至加速发展，我认为应该从以下三个方面着手努力。

第一，拓展“三品”文化的内涵和外延，努力经营好总包特色企业文化。

经营好企业文化首先要做好企业文化的传承工作，将抽象的企业文化理念具体化，建立一套行之有效的企业文化传承机制，制定相应的制度流程加以保障。比如公司历时一年的管理咨询成果的落地和实施，都是企业文化得以传承的有效途径。

还有总承包公司创业之初的艰苦朴素、吃苦耐劳，成本管控方面一些好的作法和优良传统，公司领导、项目领导以身作则、率先垂范、高效执行的优良工作作风和以人为本的理念，都应当继续延续和不断传承下去。记得98年初到工地对我影响最深的一件事，武汉煤炭设计院综合楼也就是现在的局总部大楼在地下室地板砼浇筑的三天中，公司领导亲自挂帅紧盯现场，公司部门、兄弟项目伸出援助之手，项目上就连预算、财务人员都参与到商品砼的验收和记录过程中，施工过程中工长夜以继日地坚守阵地，以督促和指导工人保证结构的质量和安全。

第二，是拓展“三品”文化的内涵和外延，坚持品牌营销，品质管理，品味员工的理念和核心价值观。

品牌不仅仅是指我们的建筑品牌，产品品牌，它应该涵盖甚至渗透到我们每个员工的行为意识当中去。品牌不是公司的员工整齐划一地穿着一套名牌西服，我的理解她应该是渗透到我们每个员工、每个项目、每个系统的日常工作作风、言行举止和思想甚至是生活当中。此前的三大工程“健康、温暖、幸福”和各分公司各具特色的党群工作正是为了更多的员工参与到公司企业文化建设当中来。再比如，通过明星员工，先进典范的评选活动增强员工的荣誉感和归属感，同时也因此形成榜样典范的力量，使企业文化最终成为指导员工的工作和行为准则，助推公司在各项管理工作，企业的生产、安全、成本管控，公司的健康持续壮大和发展中起到推波助澜的作用。

第三，打造高绩效职业化的团队，关键在各级部门和单位的一把手。

一个优秀的团队，关键在于领导者。一个成功的领导者应具有影响团队成员的个人魅力，能够激发团队相互协作，共同实现目标，同时应关心下属、善于沟通、以身作则、率先引领并践行企业文化，增强团队的凝聚力。此外还应该具备四种能力。

1. 洞察力，发现问题的能力；

2. 思考力，解决问题的能力，就是要善于开动脑筋；

3. 决策力，就是如何作决策，而且作决策时要注意两个方面，一个是重要和紧急的问题，另一个是效果和效率的问题；

4. 执行力，就是要找到核心的骨干确保正确的制度和决策不打折扣地得到有效执行，运用正确的方式方法，快速决策，低成本、高效率、高质量地完成公司（上级）领导交办的每一项工作任务。

第四，突破传统意义上的“施工总承包”，追求真正意义上的“工程总承包”。

我们的公司要名副其实。中建三局工程总承包公司，应该在“工程总承包”这五个字上大做文章，做足文章。我们有武汉火车站、潍坊艺术中心、国博等特大型项目的实际操作经验和工程施工实践，要静下心来总结提炼，以便在今后的工程总承包项目上更好地去行之有效地掌控和管理，包括从组织机构、管理职能、分配体系等方面探索和运营。尤其是在“总承包”三个字上做文章。

“总”：是指“引领”“聚集”“指挥”“统帅”，有一种统揽全局高屋建瓴的大气和全局意识，也有“第一”“超前”“带头”的内涵，我们应该先人一步，引领行业；

“承”：应该是“继承”“传承”“发扬”好我们的优良传统和作风，还有“承接”“承担”“承受”“承袭”“承载”的内涵，我们应该承担起中建三局至少在武汉地区开拓和建设的使命；

“包”：应该是“包容”“接纳”“包括”，涵盖了所有、一切、包罗万象，无论是山东的齐鲁文化、郑州的中原文化还是京津文化、无论是路桥文化、装修文化还是钢构文化，在我们总承包只有一种文化，那就是吸收、吸纳，接受其精华，成为我们总承包企业文化的一部分。

结束语

JIESHUYU

自山东分公司正式创立之初，火会燎就与同事们以一股“敢为天下先、永远争第一”的创业豪情，东征烟台、南克潍坊，转战齐鲁，仅仅用5年的时间便成功打入了济南、青岛、烟台、潍坊等建筑主流市场，成长为齐鲁大地上的一支建筑劲旅。一系列的数据和资料记录着他们的荣耀：2007年年初，山东分公司成功中标城阳宝龙项目，正式进入山东市场核心区域，揭开了分公司发展的新纪元；2008年，山东分公司提出“二次创业”的口号，加快了发展的步伐。2009年，山东分公司全年实现新签约额二十多亿元，完成施工产值十多亿元，主要经济指标位居局利润总额十大分公司前三甲……为此，山东分公司相继获得2009年局先进集体荣誉称号、全国3A级安全文明样板工地、泰山杯、省市级优质结构工程奖、省市安全文明样板工地、中建CI金奖、全国优秀QC小组、青年文明号等30多项荣誉称号。

时光荏苒，岁月如梭。5年的山东创业生涯仿佛是火会燎的第二次人生，他在确保工程质量，加强和规范物资标准化管理，完善招投标管理、降低工程成本及廉政防腐建设等方面，火会燎做出了应有的贡献。为此，他也相继获得了“第四届全国进城务工青年先进个人”称号、宁夏固原地区优秀务工青年、宁夏回族自治区十佳务工青年、中建三局年度局优秀共产党员……

火会燎一步一个脚印地实现着自己人生的价值，每一步都凝聚了他的智慧与汗水。对于火会燎的工作成绩，张能平书记进行了总结性的评价：火会燎虽然只有大专文化，但是他勤奋好学，喜欢钻研，尤其是对物资管理业务知识的学习，很快就适应山东分公司的工作，并迅速打开局面；在工作中他充分利用博客等传播载体，抒写各类学习文章及观点，开拓了视野，增长了见识；他有一个突出的优点，就是将国家的财物当成自家的财物来管理，时时体现出了高度的主人公责任感。他将这种责任很好地融入到分公司物资系统管理中，带出了一支高效、团结、廉洁的物资管理队伍，从根本上保证了工程的质量；公司“不拘一格”的人才选拔和使用，使得火会燎等一批优秀人才有了发展的空间和平台……

在中建三局有着许多和火会燎一样的中层干部，他们有着对人生职业生涯的不断追求，不达目的誓不罢休的意志，他们的经历说明只要有着坚定的信仰和不屈的意志，就一定能干出好的工作成绩，实现人生阶段性的成功。